그래서
감사하고
그래도
감사한다

• 밀알산행 30주년 기념 •

그래서 감사하고 그래도 감사한다

사랑하는 아들
그리고 아들과 같은
아픔을 지닌 이들을 위해
평생을 드린 아버지

남기철 지음

아가페

추천의 글
1

● 저나 저자가 자폐성 장애를 지닌 천사들의 손을 잡고 복지의 길에 들어선 지도 40여 년이 넘었습니다. 그 오랜 시간에 걸쳐 저는 '자폐성 장애는 한 개인의 문제가 아닌, 우리가 함께 풀어가야 할 사회의 숙제'라는 사실을 깊이 깨달았습니다. 밀알천사의 30년은 이 숙제를 향한 눈부신 답안이었습니다.

한 아이를 위해 시작된 산행이 공동체가 되었고, '일은 곧 치료'라는 믿음으로 문을 연 작업장은 누군가의 삶을 지탱하는 든든한 기반이 되었습니다. 그 과정에서 만난 짝꿍들이 보여준 헌신은 이 시대에 가장 아름다운 연대의 형상이자 우리 사회가 지향해야 할 진정한 '함께'의 모습입니다.

무엇보다 감사한 것은, 이 여정이 단지 자폐성 장애인만의 길이 아니라는 점입니다. 누구도 소외되지 않는 세상을 위해 쉼 없이 질문을 던져왔고, 그 질문에 묵묵히 실천으로 답하며 모범을 보였습니다. 사회적 기업으로, 신앙과 실천의 공동체로, 사랑이 일상이 되는 공간으로 자리매김해 왔습니다.

저는 믿습니다. 이 여정은 아직 끝나지 않았고, 앞으로 찬란한 결실을 맺게 되리라는 것을. 더 많은 자폐성 장애인들이 함께 걷고, 더 많은 짝꿍들이 손잡아주며, 더불어 잘 살아가는 길이 한층 더 넓어지기를 소망합니다. 30년의 시간 속에 스며든 눈물과 웃음, 고단함과 희망에 경의를 표합니다. 밀알천사의 발걸음 위에 주님의 은혜가 앞으로도 함께하기를 기도드리며, 일독을 추천합니다.

_ 김용직(변호사, 한국자폐인사랑협회 회장)

추천의 글 2

● 한 젊은 부부가 있었습니다. 교회를 열심히 다녔습니다. 드디어 임신했습니다. 성도들의 축하가 이어졌습니다. 때가 되어 출산했습니다. 태어난 아이가 장애아였습니다. 부부에게 감당하기 어려운 일이었습니다. 그런데 그들을 더 아프게 하는 일이 있었습니다. 교회 신자들의 수군거림이었습니다.

사람들은 장애를 하나님의 저주라고, 죄의 심판이라고 여깁니다. 그런데 성경 어디에도 그런 말씀이 없습니다. 하나님은 이스라엘을 구원할 자로 80세의 모세를 택하셨습니다. 모세는 몇 번이고 완강히 거절했습니다. 자신은 본래부터 입이 뻣뻣하고 혀가 둔해서 말을 잘 못한다고 했습니다. 언어에 문제가 있으니 하나님의 뜻을 따를 수 없다고 했습니다. 하나님은 모세에게 말씀하셨습니다.

누가 사람의 입을 지었느냐 누가 말 못 하는 자나 못 듣는 자나 눈 밝은 자나 맹인이 되게 하였느냐 나 여호와가

아니냐 _ 출애굽기 4장 11절

하나님은 비장애인뿐 아니라 장애인도 지으셨다고 말씀하십니다. 장애는 하나님의 실수가 아닙니다. 엄연한 하나님의 창조입니다. 레위기 21장에는 아론의 자손 제사장 중 장애가 있는 자는 화제를 드리지 못하고, 제단에 가까이하지 못한다는 말씀이 있습니다. 이는 신체장애가 있는 제사장을 배려한 말씀입니다. 육체적으로 고된 노동을 요하는 제사를 집전할 수 없기 때문입니다. 장애인 제사장들은 제사 후에 제사장들의 식탁에 함께 앉아 식사했습니다. 제사의 집전만 하지 않았을 뿐 다른 특권은 동일했습니다. 장애가 있다고 제사장공동체에서 추방하지도 차별하지도 않았습니다. 하나님이 차별하시지 않은 장애인을 우리가 은연중에 차별하고 있지는 않은가요?

우리 아이가 지적장애와 자폐 진단을 받았을 때였습니다. 하늘이 무너진다는 말이 무슨 말인지 알았습니다. 살 소망이 끊어

질 그때 아내와 함께 기도했습니다. 기도 중에 하나님이 아내의 마음에 감동을 주셨습니다. "자식의 장애는 부모가 선택한 것이 아니다. 하나님이 허락하신 것이다."

발달장애아 부모에게 가장 힘든 일은 죄책감입니다. 날마다 병원에 가는 일, 감당할 수 없는 병원비보다 죄책감이 훨씬 더 힘듭니다. 내 죄 때문에 자식이 장애인이 되었다는 죄책감만큼 고통스러운 것이 없습니다. 그런 우리에게 하나님이 말씀하셨습니다. 우리가 선택한 것이 아니라고, 하나님이 허락하신 거라고, 우리 죄 때문이 아니라고, 하나님이 허락하신 거라고, 뜻이 있고 섭리가 있다고 하셨습니다. 그때 비로소 숨쉴 수 있었습니다.

제사장 아론의 자손 중에도 장애인이 있었습니다. 보통 가문이 아닙니다. 제사장의 가문입니다. 아론의 가문입니다. 구별된 가문입니다. 가장 고결한 가문입니다. 그런데 그 가문에도 장애인이 있었습니다. 그러니 부모의 잘못이 아닙니다. 부모의 죄 때문도 아닙니다. 하나님이 허락하신 것입니다.

발달장애아를 키우는 부모는 막막합니다. 앞으로 어떻게 살아가야 할지 모릅니다. 물론 자신도 없습니다. 그런 점에서 본서는 발달장애아를 키우는 부모와 그 가족에게 꼭 필요한 책입니다. 발달장애아를 키워도 행복할 수 있음을 보고 배울 수 있기 때문입니다. 내 자식을 어떻게 사랑할 수 있을지 좋은 안내자가 되어 줍니다. 무엇보다 하나님이 내게 준 자식이 '선물'임을 깨달을 수 있습니다. 한평생 발달장애인 자식을 사랑하며 살면서, 바다에 길을 내시고 사막에 물을 내시는 하나님을 숱하게 만난 저자의 이야기가 꿈을 잃고 살아가는 수많은 부모와 가족들에게 소망이 되리라 믿습니다. 애타게 살 소망과 꿈을 찾는 이들에게 일독을 권합니다.

_ 서진교(목사, 작은예수선교회 대표, 2023다니엘기도회 강사, 『작은 자의 하나님』 저자)

추천의 글
3

● 경찰청에서 발송하는 안전안내문자에는 거의 매일 이상한 실종신고가 등장합니다. 치매환자로는 너무 젊은 40대부터 10대까지, 심지어 어린이도 있습니다. 대개 자폐장애인을 비롯한 발달장애인들입니다. 우리 주변 어느 집엔가는 그런 환자와 그들의 가족이 살고 있습니다.

"하나님은 이런 아이를 잘 돌볼 수 있는 가정을 선택해 그 집으로 보냅니다." 마흔 살이 넘은 자폐장애 아들을 키워온 남기철 대표는 신의 뜻을 이렇게 해석합니다. 이어지는 그의 고백이 "그래서 감사하고 그래도 감사한다"입니다. 장애아를 보내주셔서, 키울 수 있도록 도와주셔서 감사하고, 어려움과 고통이 컸지만 여기까지 올 수 있도록 도와주셔서 감사하다는 조용한 기도처럼 들립니다.

아이들은 아무 병원이나 갈 수 없습니다. 특히 치과에 가기가 어렵습니다. 격하게 저항하기 때문입니다. 전문병원이 필요합니다. 장애의 특성상 가족이 최상의 돌보미지만 가족에게는 지원이 없습니다. 아이들의 치료와 미래를 위해 사비로 보호작업장을 만들어도 온갖 규제의 장벽은 높고 단단하기만 합니다.

   정치인마다 복지를 외치고 정부마다 복지선진국을 공언합니다. 말하기에 앞서, 30년 전 홀로 어린 아들을 이끌고 산을 오르며 시작된 자폐장애 현장의 놀라운 기록을 읽어주시기 바랍니다.

_ 조대현(전 KBS 사장)

Contents

추천의 글   004
프롤로그   016

Part 1
쉼 없이 달려온 30년, 지금 감사할 이유

Chapter 1   산이 좋아요   021

1995년 여름, 무리한 외출 | 선한 사마리아인의 마음으로 | 버스 두 대가 동원된 산행 | 여전히 생명수 같은 산행

Chapter 2   일할 기회를 주세요   035

장애인 고용의 선한 영향력 | 내가 직접 운영하겠다 | 사회적 기업 래그랜느 | 장애인 작업장에 그토록 집착하는 이유 | 무모한 도전? 작업이 곧 치료 | 황당한 규제에 울다 | 뜻밖의 선물 | 꿈의 사업장, 포천 농장 시대를 열다 | 위기는 또 다른 기회 | 필기구 사업에 도전하다

Chapter 3   함께 사는 세상을 만들어요   077

직원들의 건강검진 | 맘 놓고 진료받을 병원 없나요? | 우리도 도울 수 있어요

Part 2
문제 삼지 않으면 아무것도 달라지지 않는다

Chapter 1 장애인에게도 일할 권리가 있다   089

일할 권리 | 장애인 일자리 정책은 복지 아닌 인권 문제 | 누구를 위한 형평성인가 | 강남구의회 정책간담회 | 선택과 집중이 필요하다 | 달걀로 바위 치기 | 점점 더 어려워지는 현실 | 이상한 장애인 보호구역

Chapter 2 사회는 왜 불편한 시선을 멈추지 않을까?   123

희망이 보이지 않을 때 | 이상한 변호사 우영우 | 영원히 늙지 않는 피터팬과 그 아버지 | 수행비서 | 특별한 근로자가 맞은 장린이의 날 | 아버지의 눈물 | 그래서 감사하고 그래도 감사했다

Chapter 3 선진국, 함께 살아가는 방법을 고민한다   147

밀알천사가 나아갈 길 | 돌봄 시간: 부모의 휴식 | 돌봄 시간: 활동지원사 | 탈시설에 대한 의견 | 복지정책이 장애인의 근로의욕을 저해해서는 안 된다 | 일본의 복지시설 | 일본의 발달장애인 거주 시설 | 한국과 일본의 발달장애인 정책 및 시설 비교

Part 3
그래서 감사하고 그래도 감사한다

Chapter 1 천사 가족의 그래도 감사한 이야기   173

성현이의 행복: 권용선(정성현의 어머니) | 함께 걸어온 30년에 대한 감사: 김형두(김준환의 아버지/ 법조인) | 홀로서기를 위한 작은 발걸음: 송상기(송종화의 아버지/ 교수) | 함께 가는 길: 김경희(오세린의 어머니) | 희망은 없습니다: 남윤선(남범선의 형/ 사업) | '밀알천사 삼십 세 축하' 삼행시: 윤수진(법인이사/ 신장내과 전문의)

Chapter 2 언론 속 천사들 이야기   198

부모 없는 세상에서 장애인 아이들도 살 수 있게 해야죠(동아닷컴 2023년 7월 6일자) | "일상의 삶을 주고싶어"(경향신문 2023년 4월 19일자)

에필로그   210

함께 기도해요   212

타임라인 _밀알천사, 변화와 성장의 30년   213

아직 가야 할 길은 멀지만
함께여서 행복하고 감사한 이야기

LES GRAINES

프롤로그
Prologue

우리는 언제나 현재진행형입니다

제 나이가 작은 숫자는 아닌 게 확실합니다. 칠십을 훌쩍 넘은 나이가 되었으니까요. 제가 살아온 세월의 절반 가까이가 세상에서는 자폐 스펙트럼 장애라고 부르는 천사들과 함께한 시간이었습니다.

매 주말이면 산에 오르고, 학교 졸업 후 갈 수 있는 일터 래그랜느를 만들고, 자립의 훈련장인 농사체험장도 만들었습니다. 힘들고 버거울 때가 많았지만, 시간이 지나면서 아름다운 추억으로 바뀌는 마법이 되기도 합니다.

누군가 말합니다. 참 수고했다, 어려운 일 했다고. 그러나 지금까지 해온 모든 일은 내가 한 것이 아님을 이제는 압니다. 오직 하나님의 은혜였습니다. 세상 일에는 마침이라는 완료형이 있지만, 천사들을 향한 제 일은 언제나 진행형인 듯합니다. 어쩌면 앞으로 해야 할 일이 과거 30년간 해온 것보다 더 중요할지도 모르겠습니다.

저 자신이 디딤돌이 되고 마중물 역할을 할 수 있도록 인도해 주신 하나님께 감사드리고, 주님의 선한 인도하심을 기대합니다. 그래서 감사하고, 그래도 감사합니다.

_ 남기철(사단법인 밀알천사 대표)

Part 1
쉼 없이 달려온 30년, 지금 감사할 이유

Chapter 1
산이 좋아요

자폐성 장애인에게 등산이 좋다고 하여 시작된 산행입니다.
처음에는 청계산에서 손가락질받던 우리가,
이제는 청계산을 오르는 많은 사람에게 칭찬과 격려를 받으며
간접적으로나마 하나님을 전하고 있습니다.
정말 하나님의 은혜입니다.

1995년 여름, 무리한 외출

집에만 있던 아이를 데리고 나선 산행은 우리 가족에게 엄청난 도전이었습니다. 아니, 무모한 도전이라고 말하는 사람도 있었습니다. 이것이 도전에 함께 나선 아이들, 그리고 산행에 동참해 준 짝꿍들의 눈물겨운 헌신을 이야기하면 눈물부터 나오는 이유입니다.

1995년 무더웠던 여름 범선이의 키가 쑥쑥 자라던 무렵, 내 눈길을 끈 신문기사가 하나 있었습니다.

"자폐 스펙트럼 장애를 가진 아이들에게는 충분한 양의 산소를 공급하고 두뇌를 자극할 수 있는 등산이나 덤블링 같은 운동이 매우 유익하다."

그 길로 나는 무작정 범선이를 데리고 서울 근교에 있는 산을 찾았습니다. 낯선 산행이었지만, 부디 아이에게 좋은 영향을 주어 작은 변화라도 생기길 간절히 바라며 산을 올랐습니다. 산행을 마치고 돌아오면서 문득 둘만으로는 뭔가 허전하다는 생각이 들었습니다. 늘 함께하던 오랜 벗들의 얼굴이 떠오른 게 그때였습니다. 곧바로 SOS를 청했지요. 내 자폐증 아들을 안쓰러워하던 친구들이 함께 산을 오르는 데 동참하기 시작했습니다. 순전히 의리 하나로 나서준 고마운 벗들이었습니다.

원칙은 한 가지, '눈이 오나 비가 오나 매주 토요일에는 산에 간다'로 정했습니다. 첫 산행을 시작한 날은 무더위가 기승을 부리던 여름이었는데, 밀알천사가 첫발을 내디딘 역사적인 순간이었습니다.

"내가 중동 근무를 마치고 귀국한 그 해였어. 귀국하자마자 범선이 데리고 산행을 시작했으니까 1995년이 맞아…." 연도를 기억하지 못하는 내게 친구가 오랜 해외 근무를 마치고 돌아온 해가 1995년이었다고 일러주었습니다. 그렇게 우리의 토요일 산행은 시작되었습니다.

"여보, 범선이만 데려가지 말고 다른 아이들도 함께해요. 차린 밥상에 수저 한 벌 더 놓는 게 그리 힘든 일이겠어요." 단 한 순간도 눈을 뗄 수 없는 자폐아 자녀를 돌보는 엄마들의 어려움을 누구보다 잘 아는 아내의 말이었습니다. 눈 깜짝할 사이 없어지고, 주변 사람들의 시선 때문에 마음 놓고 밖에 내보낼 수도 없는 엄마들에게 작은 휴식을 선물해 주자는 의도에서 시작한 일이었습니다. 아이들과 산행하는 4~5시간 남짓이 엄마들에게는 꿈 같은 휴식과 충전의 시간이 되기 때문입니다.

그런데 저 자신도 놀랐습니다. 아내의 제안 이후 기적처럼 인원이 불기 시작했습니다. 다니던 교회에 공개 서신을 띄운 것이 기폭제가 되었습니다. 성도들의 동참으로 인원이 늘어났고, 이웃 교회와 천주교 신자들까지 관심을 보였으며, 불교 신자와 무신론자도 참여했습니다. 차츰 지역사회에도 알려지기 시작했고, 잡지와 방송에서 봤다며 찾아오는 자원봉사들의 발길도 늘었습니다.

'천사'는 우리와 함께하는 자폐장애인들을 부르는 말입니다.

그리고 그 옆에는 '짝꿍'이 있습니다. 한 명 한 명 천사들의 그림자가 되어 산행에 동참하는 든든한 자원봉사자들이지요.

"한번 중독되면 빠져나오기가 힘들다니까…." 실제로 밀알천사 산행은 중독성이 강합니다. 산행에서 돌아오면 일주일 내내 천사들의 해맑은 모습이 눈앞에 어른거려, 토요일이면 저절로 발걸음이 청계산을 향한다고 이구동성으로 이야기합니다. '착한 중독'이라고 할까요.

산행 초기에 갓난아기였던 아이가 어느덧 어엿한 청년으로 성장한 길고 긴 시간입니다. 산행이 거듭될수록 나 자신에게도 크나큰 도움이 된다는 사실을 알게 되었습니다. 세상의 재미에서 벗어나는 계기를 마련해 주었기 때문입니다. 감사할 일이지요.

2002년 따스한 봄날에 여덟 살 꼬맹이 준환이와 중년 아저씨가 처음 만났지요. 세월이 금방 갔나 봅니다. 코로나 규제 해제 후 칠순 할아버지와 스물아홉 살 청년 준환 군이 오랜만에 대모산에서 상봉했습니다. 앞으로 얼마나 더 볼 수 있을지….

산행 초기 어린 준환과 짝꿍   청년이 된 준환 군과 칠순 짝꿍

짝꿍이 남긴 글입니다. 저도 한마디 거들었습니다. 20년만 더 해보라고. 밀알천사 산행을 함께해 주시는 짝꿍들은 10년 이상 된 분이 많습니다. 천사들을 향한 사랑은 세월이 지나도 변치 않나 봅니다.

"만일 누가 말하려면 하나님의 말씀을 하는 것 같이 하고 누가 봉사하려면 하나님이 공급하시는 힘으로 하는 것 같이 하라 이는 범사에 예수 그리스도로 말미암아 하나님이 영광을 받으시게 하려 함이니 그에게 영광과 권능이 세세에 무궁하도록 있느니라 아멘"(벧전 4:11).

마음은 젊어지고 싶은데 육체는 따라주지 않을 때 서글픈 마음이 앞섭니다. 이때 말씀으로 깨우칩니다. 내 힘으로 하는 게 아닙니다. 하나님이 공급하시는 힘으로 합니다.

대모산에는 연분홍 진달래가 천사와 짝꿍들을 정겹게 반겨줍니다. 천사들의 얼굴에는 땀방울이 흐르고 진달래처럼 연분홍 꽃이 피어납니다. 봄이 달려와 우리 가슴에 안기는 듯합니다. 우리 삶도 봄꽃처럼 아름답게 피어나면 좋겠습니다.

주님 봄이 왔습니다. 부모님들 마음에 꽃이 피게 하시고, 천사들에게는 새싹이 돋아나게 해주세요. 천사와 가족들에게 늘 기쁜 일이 가득하길 간절히 기도드립니다.

선한 사마리아인의 마음으로

산행에 동참하는 아이들이 점점 늘어나면서 '밀알천사'라는 작은 단체로 모양새를 갖추게 되었습니다. 어려움에 처한 나그네를 돌보아준 '선한 사마리아인'의 모습을 기대하며 만든 단체입니다.

비 오는 날 산행에 나선 후배의 눈물 어린 고백을 하나 들려드리겠습니다. 하늘이 뚫린 듯 비가 오던 토요일이었습니다. 부득이 산행을 취소할 수밖에 없었는데, 못내 아쉬워 반신반의하는 마음으로 짝꿍들에게 문자를 보냈습니다.

"혹시 산행하고 싶은 짝꿍 있나요? 오후 2시까지 수서역으로 오세요."

폭우에도 불구하고 신기하게 짝꿍들이 하나둘 모였습니다. 그중에는 얼마 전부터 우리 산행에 동참한 한 부자가 있었습니다. 아버지가 내 학교 후배로, 아들은 스물네 살 된 청년입니다. 스스로 손을 끈으로 묶어 뒷짐을 지고 다니는 천사입니다.

"아니 이 빗속에 어떻게 왔어?"

걱정스럽게 물었더니 아버지가 입을 엽니다.

"집사람을 좀 쉬게 해주고 싶어서요…."

나는 그 마음을 잘 압니다. 애틋함도 느껴지고, 아내에 대한 남편의 배려에 마음이 짠했습니다. 우리가 산을 오르기 시작하자 빗줄기가 더욱 거세졌지만 누구 하나 불평하지 않고 씩씩하게 대모산을 지나 구룡산을 거쳐 양재동까지 완주했습니다.

산을 내려와 음식점에 들어가자, 스물네 살 아들이 두 손을 의자 뒤로 묶은 채 아빠에게 음식을 먹여 달라고 떼를 씁니다. 제가 나서서 제지했습니다.

"굶기더라도 먹여주면 안 돼!"

아빠를 밀어내고 내가 그 자리에 앉았습니다. 아빠 마음이 얼마나 안쓰러울지 저는 잘 알지요. 먹여달라고 떼를 쓰던 아들은 식당 밖으로 뛰쳐나가 소란을 피웠지만, 저한테 크게 혼나고는 다시 식당으로 들어왔습니다. 결국 고집을 꺾고, 손을 묶은 끈을 풀고는 혼자서 밥이며 김치찌개를 무섭게 먹어대더군요.

얼마나 배가 고팠을까요? 아빠 눈에 이슬이 맺힙니다. 장애를 가진 아이를 키우는 부모의 마음을 누가 알아주나요. 저도 마음이 편치 않아 부자를 보낸 후 캄캄한 대모산을 다시 올랐습니다. 하나님의 위로를 기대하면서, 세찬 빗속에서 6시간을 보냈습니다.

짝꿍이 모자라는 날이 부쩍 많아졌습니다. 토요일마다 불가피한 일이 생겨 산행에 못 나오는 사람들이 늘어나면서 짝꿍 없는 천사들이 매주 한둘씩 생겨났습니다. 천사 25명에 짝꿍 14명이 산행을 신청한 적도 있습니다. 짝꿍 한 명이 천사 두 명을 데리고

천사와 짝꿍

가면 되지 않느냐고 묻는 분도 있습니다. 그러나 밀알천사의 산행은 반드시 천사보다 짝꿍이 많아야 합니다. 짝꿍 두 명이 돌봐야 하는 천사도 있고, 일대일을 꼭 지켜야 하는 천사도 많기 때문입니다. 산에서는 의외로 힘든 천사들이 많습니다.

그날 저도 희중이의 짝꿍이 되어 산에 올랐습니다. 희중이가 순간적인 뇌전증으로 자주 넘어진다는 이야기를 들었기 때문에 더 조심스러웠습니다. 산행을 시작하면서 속도를 많이 줄였는데

도 희중이가 힘들어하면서 갑자기 몸의 중심을 잃고 비틀거렸습니다. 순간적으로 얼른 다가가 붙잡았는데, 아이의 몸을 버티지 못하고 둘이 같이 넘어지고 말았습니다.

그래도 포기할 수 없어 몸을 일으켜 다시 산행에 나섰습니다. 그런데 얼마 지나지 않아 희중이가 또 넘어져 어쩔 수 없이 쉬운 코스로 변경했습니다. 그런데 또 얼마 못 가 희중이가 다시 앞으로 쓰러졌습니다. 이번에는 제대로 잡지 않았으면 크게 다칠 뻔했습니다. 더 이상 산행은 위험할 것 같았습니다.

하산 길은 더 위험해서 넘어지면 정말 큰 사고가 날 수 있기 때문에 희중이 바지춤을 뒤에서 잡고 끌어당기다시피 하면서 산에서 내려왔습니다. 산을 내려와 기다리고 있던 희중이 엄마를 만나 당분간은 산행이 무리라고 말해 주었습니다. 저도 참 마음이 아팠는데, 오히려 희중이 어머니가 고맙다고 하십니다.

버스 두 대가 동원된 산행

2007년 5월, 천사 27명, 짝꿍 38명, 모두 65명이 산행에 참가했습니다. 공기업과 은행 직원들이 여러 명 우리 산행에 동참해 주어 처음으로 버스 두 대가 동원되었습니다. 이날 천사들의 부모님이 스승의 날 기념으로 작업장에서 만든 비누를 짝꿍들에게 선물해 주었는데, 정성스러운 선물에 모두 감사했습니다. 산행 규모가 점점 커지면서 봉사자들의 네트워크도 더욱 단단해지기 시작했습니다. 아이들을 위해 시작한 산행은 제가 세상의 재미에서 벗어나는 계기가 되었습니다. 아이를 핑계로 내게도 유익한 산행이 된 것입니다.

자폐성 장애인들은 자기 속에 갇혀 살아갑니다. 대부분의 아이들이 야외활동을 하려 하지 않고, 부모들도 집 밖으로 내보내려 하지 않습니다. 눈 깜빡할 사이 아이들이 없어지는 경우가 많고, 상황 판단을 잘 못하는 아이들이라 사고의 위험성이 크기 때문입니다. 그럼에도 밀알천사의 산행에 덜컥 자녀를 맡긴 것은 똑같은 아픔을 겪는 부모라 믿을 만했기 때문입니다.

우리 천사들은 나이를 먹으면서 수시로 변해갑니다. 이것을 '진전'이라고 할 수 있을지 모르겠지만, 여하튼 긍정적으로 바뀌는 것은 확실합니다. 때로 힘들게 하기도 하지만, 어느 순간 보면 많이 좋아져 있습니다. 2보 전진을 위한 1보 후퇴라고나 할까요.

처음에는 우리 범선이를 위해 친구들이 '의리'로 도와주었지요. 시작은 정말 미약했습니다. 친구들 위주였던 등산은 남서울 은혜교회를 다니면서 참가 인원이 점점 많아졌습니다. 교회 성도들이 많이 동참해 주었고, 소식을 들은 사람들은 종교에 관계 없이 참여해 주었습니다. 다른 교회에서도 오고, 고등학교 후배들도 동참하게 되었습니다. 성균관대학교 ROTC도 참여해 주었습니다.

처음에는 청계산에서 손가락질받던 우리가, 이제는 청계산을 오르는 많은 사람에게 칭찬과 격려를 받으며 간접적으로나마 하나님을 전하고 있습니다. 정말 하나님의 은혜입니다.

여전히 생명수 같은 산행

얼마 전까지만 해도 매일 장애인을 생각해 주면 됐지 대부분의 사람이 알지도 못하는 장애인의 날을 굳이 제정할 필요가 있는지 의구심이 들곤 했습니다. 순진한 마음이었지요. 지금은 한 해에 한 번이라도 장애인과 그 가족의 어려움을 알아주기 바랄 뿐입니다.

올해 장애인의 날에는 래그랜느 직원들이 좋아하는 볶음밥,

 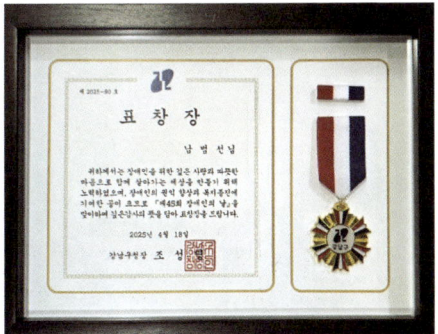

범선의 표창장

자장면, 군만두, 탕수육으로 파티를 하고, 강남구 장애인 행사에 참가했습니다. 범선이가 구청장 표창을 받았습니다.

다음 날에는 새벽부터 비가 내렸습니다. 산행에 못 올 분들은 쉬라고 했는데, 한 명도 빠짐없이 모였습니다. 산행한 지 30년이 되었는데 천사와 가족들에게 산행은 여전히 생명수 같은 존재인가 봅니다. 산행을 마치고 농장으로 가 비 내리는 대지 위에 피어난 봄꽃을 만났습니다.

이번 주일은 부활절이자 장애인의 날입니다. 이른 아침 아들과 하늘다리 주변을 걷고 농장에서 밭을 정리했습니다. 연합TV에서 우리 산행을 소개해 주네요. 교회에서는 장애인 주간 행사

장애인의 날 교회에서

가 있었습니다. 목사님과 성도들의 축하노래와 래그랜느 쿠키를 선물 받았습니다. 다시 사신 예수님이 우리 아이들도 새롭게 해 주실 줄 믿습니다.

Chapter 2
일할 기회를 주세요

장애인에게 직업은 '치료'입니다.
그래서 작업장은 단순히 제품을 생산하는 곳이 아닙니다.
작업장이 장애인의 재활을 돕는 직업치료의 장으로 활용되길 소망합니다.

장애인 고용의 선한 영향력

2001년 10월 8일은 범선이가 밀알작업장에 첫 출근한 날입니다. 육영학교에 다니던 아이를 밀알작업장에 보내기로 결정한 후, 우리 부부는 아이에게 죄 짓는 것 같아 어쩔 줄 몰랐습니다. 한참 멋 내고 다닐 나이인데, 부모가 결정한 대로 작업장에 가게 되어 너무 애처로웠던 것입니다. 범선이를 밀알작업장에 보내라는 장로님의 권고를 들었을 때, 우리는 범선이만 특혜를 누린다는 생각이 들어 내년에나 보내겠다고 대답했으나, 사실 속마음은 범선이를 품속에서 내보내기가 두려웠습니다.

범선이가 출근하기 전날, 잠을 잘 수가 없었습니다. 새벽 1시, 2시, 거의 매 시간 잠에서 깨어 시계를 보다가 교회에 갔습니다. 작업장에 잘 적응하게 해달라고, 쫓겨나지 않게 해달라고 간절히 기도했습니다. 우리 부부는 아이와 함께 첫 출근을 했습니다. 집을 나서면서 범선이가 뜻밖의 말을 했습니다.

"열심히 일할 거야. 돈 많이 벌 거야!"

그날 나는 회사에서 전혀 일을 하지 못했습니다. 일찍 퇴근해 작업장에 가보니, 범선이는 얼굴에 온통 검댕이 칠을 한 채 병따개에 자석을 끼우고 있었습니다. 나도 모르게 눈물이 주루룩 흘렀습니다. 작업장에서 받은 첫 월급은 감사헌금을 드렸고, 두 번째 월급은 할머니와 외할아버지께 용돈을 드리고, 군대에 있던 형에게도 주었습니다. 하나님께 감사기도를 드렸습니다.

장애인에게 일할 기회를 주기 위해 보호작업장을 여는 것은 우리에게 큰 기회가 됩니다. 물론 쉽지 않습니다. 2005년 11월, 우여곡절 끝에 남서울은혜교회에서 내 이야기를 듣고 공간을 마련해 주었고, 밀알재단의 이름을 빌려 밀알보호작업장을 시작했습니다. 조금이나마 문이 열린 것이었습니다. 그동안 내 개인 사업으로 낸 수익은 바로 이때를 위함이라 생각하고 큰 돈을 투자해 생산시설을 갖춘 본격적인 작업장을 열었습니다. 자폐, 정신지체 장애인으로 구성된 작업장을 시작하면서 불가능하다고 생각하던 장애인 근로를 시작했습니다. 정부 보조에 의존하지 않고 자립해 자본을 축적한 작업장으로 발전했습니다.

정부의 보조 없이 순수하게 자력으로 장애인을 고용해 '헵시바'라는 브랜드의 순수 식물성 화장비누를 생산했습니다. 헵시바는 성경에서 인용했는데, '내 기쁨이 그에게 있다'는 뜻입니다. 모든 사람의 기쁨이 우리 장애우에게 있기를 바란다는 의미로 지었지요.

비누 만들기 외에 상자 접기와 볼펜 조립도 했습니다. 장애인 작업장에서는 한 종류의 일만 하기보다 몇 가지 일을 순환하며 하는 것이 아이들의 능력을 조금이나마 개발할 수 있습니다. 장애인 작업장은 일터인 동시에 아이들에게 치료효과가 있어야 하는 곳이므로, 일거리를 늘려 다양한 일을 접해 볼 수 있도록 해야 합니다.

아이들이 조금씩 좋아지고 좋은 습관을 들이게 되면서 어머니들의 참여도 활발해졌습니다. 일이 많아서 연장근로를 할 때는 어머니들이 간식을 직접 싸 들고 와 아이들을 도우며 격려했고,

함께 자장면을 주문해 먹기도 했습니다. 또 한 달에 한 번 작업장에서 드리는 예배를 통해 신앙이 없던 엄마들도 하나님을 조금씩 알아가게 되었습니다.

교회 안에 보호작업장이 생겼다는 소식을 어떻게 들었는지 여기저기서 문의가 왔습니다. 이전 작업장에서 해고된 친구부터 함께 산행하는 천사까지 갈 곳 없는 자폐장애인들이 취업을 원했습니다. 그러나 모두 수용할 수 없어 최소 인원 열두 명을 우선 채용했습니다. 조금 느리고 서툴러도 장애인 직원이 주가 되고 일반 직원은 도움을 주는 형태로 최소 인원을 고용한 것입니다.

모든 직원에게는 반복작업을 통해 배우고 익히게 했습니다. 반복의 힘은 컸습니다. 직원들의 느린 손으로 만든 헵시바 수제 비누가 선보였고 판로도 열었습니다.

밀알보호작업장은 근무조건이 좋은 것도 혜택이 많은 것도 아닌데 다들 오고 싶어합니다. 밀알보호작업장 개원 2년째를 맞았을 즈음 그 이유를 생각해 보았는데, 작업장에 오면 마음에 평안과 기쁨이 있다는 것입니다.

실제로 보호작업장에서 일하는 직원 열두 명은 모두 다른 삶의 이야기가 있고, 장애의 정도도 매우 다르기에 작업속도나 능

밀알보호작업장 1주년 기념식(2006년 11월 17일)

률도 다르지만, 작업장에 들어서는 순간 표정이 밝게 변합니다. 특유의 무표정이 전부인데, 그 미묘한 변화를 일반 사람은 모르지만 부모는 금방 알아차립니다. '아, 우리 아이가 일을 즐거워하는구나. 작업장에 오는 게 즐겁구나.' 신통방통한 일은 또 있습니다.

"안녕하세요!"

찾아온 사람들을 볼 때마다 한꺼번에 인사말을 외치고, 열 번

스무 번 같은 사람을 보아도 매번 인사를 건네는 순수함이 있습니다. 고된 하루를 지속하다 보면 나오기 귀찮고 꾀 부리고 싶은 날도 있을 텐데, 다음 날 아침 8시 30분만 되면 앞다투어 작업장으로 모여듭니다.

"안녕하세요!"

이곳에 오는 게 즐겁다는 것을 보여주는 대목입니다. 보호작업장에서 생산되는 수제비누 판매만으로는 자력 경영이 어려운 게 사실이지만, 이 일에 발을 들여놓게 하신 뜻을 알기에 그저 순종할 뿐입니다.

내가 직접 운영하겠다

보호작업장 첫 급여가 얼마였는지 아세요? 약 20여 년 전, 점심 식대 포함 월 25만 원이었습니다. 너무 적은 월급이지요? 그런데 지금도 별반 다르지 않습니다. 급여를 받아든 직원들은 무표정했지만, 월급봉투를 본 부모님들이 얼마나 기뻐할지를 생각하니 울컥했습니다. 범선이 역시 월급이 든 봉투를 받아 들고는 슬쩍 보더니 가방에 집어넣었습니다. 그 모습을 지켜보는데 저도 모르게 콧날이 시큰했습니다. 장애인들에게는 월급보다는 자꾸 가고 싶은 곳, 마음에 평안과 기쁨이 있는 곳이 좋은 직장이라고 생각합니다.

어느 날 반가운 소식이 들렸습니다. 수서동에 장애인 직업재활센터를 개원하면서, 센터를 위탁 운영할 복지재단을 찾고 있다는 것이었습니다. '아, 이거다. 내가 찾던 곳이다!' 우리로서는 숨통이 트일 뭔가가 필요한 상황이었는데, 출구가 마련된 것입니다.

자의 반 타의 반으로 밀알보호작업장을 시작했을 때 장애인 보호작업장 운영이 어렵다는 것을 실감했습니다. 자비를 들여 시작한 보호작업장은 정부 보조를 받는 일이 요원했고, 자력으로 버텨야 하다 보니 헐떡이기 일쑤였습니다.

그러던 중 장애인 직업재활센터 위탁 운영자를 찾는다는 소식을 들으니 돌파구가 될 거라는 생각이 들었습니다. 밀알보호작업장이 소속되어 있는 밀알복지재단에서 위탁 운영할 수 있도록 방법을 찾아 서류를 접수했습니다. 오랜 기간 기도와 준비가 더해지면서 드디어 "밀알복지재단의 수서 작업장 위탁이 확정되었다"는 낭보를 들었습니다.

그런데 호사다마(好事多魔)라고 센터 운영 방법에 대해 이견이 생겼습니다. 운영위원장을 맡고 있던 저는 위탁받은 센터의 직무에 세 가지 원칙을 정했습니다. 아이들이 느리고 서툴지만 진심과 전심을 다해 일한다는 걸 알기에, '장애인이 주 근무자가 되면 운영이 불가능하다'는 반대 의견을 가진 이들에게 이것이 편견에 불과함을 보여주고 싶어 세운 세 가지 원칙입니다.

1. 장애직원이 주 근무자가 되어야 한다.
2. 제품 회전이 빠르고 품목이 다양해야 한다.
3. 원자재 비중이 적어야 한다.

여기저기서 이견이 나오기 시작했습니다. 대부분의 장애인 작업장에서는 주 근로자가 비장애인이고 장애인은 보조였기에 우려를 표한 것입니다. 일단 자립해야 하기에 장애인보다는 비장애인 위주로 운영해 살려놓고 보자는 식의 해결 방법은 우리 아이들을 위하는 길이 아니라는 생각이 들었습니다.

우선 어떤 제품을 생산하는 게 좋을지 검토했는데, 가장 적당한 것이 제과제빵이었습니다. 직원들이 모두 수작업으로 만들 수 있기에 주요 근로자가 될 수 있고, 원자재 비중이 적어 불량이 생겨도 큰 부담이 없기 때문입니다. 센터 운영은 일사천리로 진행되었지만, 여전히 장애인이 주 근로자가 되는 원칙에 대한 이견은 좁혀지지 않았습니다. 일단 멈춤인지 직진인지를 두고 하나님께 지혜를 구했습니다.

수서 작업장 위탁을 두고 고민의 시간이 이어졌습니다. 안타깝게도 내 의견에 이견을 내는 이들이 점점 많아졌습니다. 장애직원이 주 근로자가 되면 품질이 불안정하다는 이유였습니다. 결국 외부 업체가 들어와 작업을 전담하는 것으로 결정되었습니다. 장애직원은 보조 인력이 된 것입니다.

하나님의 침묵 앞에서 저는 떠남을 선택했습니다. 밀알보호작업장에서 완전히 손을 떼고 떠나기로 결정했습니다. 특수학교를 졸업해도 갈 곳 없는, 어렵게 들어간 작업장에서 능력 부족이라고 내침을 당한 범선이를 비롯한 자폐장애인들을 작업장에 모았습니다. 가장 큰 기적은 지난 3년간 자력으로 보호작업장을 운영하면서 한 번도 적자를 내지 않았다는 것입니다. 직원 부모님들이 동참해 주고 주변의 많은 분들이 도와주었기에 버틸 수 있었습니다. 이 모든 일을 3년 안에 이루게 하셨으니 정말 기적이 아

2008년 10월 31일, 밀알보호작업장 마지막 출근 날

닐 수 없습니다.

  2008년 10월 31일, 나와 범선이는 밀알보호작업장에 마지막으로 출근했습니다. 3년간 맡았던 운영위원장을 내려놓고 모든 것을 밀알재단에 넘겼습니다. 나와 범선이도 떠나지만, 밀알보호작업장도 교회를 떠나 새로운 장소에서 새로 시작할 것이기 때문입니다. 3년 동안 매일 드나들던 곳을 떠나며 마음속으로 얼마나 울었는지 모릅니다. 비록 표현이 서툰 직원들이지만 일하러

올 때 누구보다 신났고, 함께 식사하러 갈 때는 더 즐거웠으며, 제품이 만들어져 나올 때 소리치며 기뻐하던 직원들과 헤어지는 것이 몹시 안타까웠습니다. 모든 자리에서 물러나겠다는 소식을 들은 직원 부모님들의 절규하듯 슬퍼하던 모습이 떠올라 더 울컥했습니다.

"대표님이 그만두시면 우리 애들은 어떡해요. 어디 가서 우리 애들이 일할 수 있겠어요. 누가 우리 아이들을 직원으로 평등하게 대우해 주겠어요."

같은 장애인 자녀를 둔 부모로서 아이들을 위한 길을 걷고 있다고 믿었기에 실망을 넘어 절망한 것 같았습니다. 마지막 출근날, 직원들과 작업장을 돌아보고 사진을 찍으며 인사를 나누었습니다. 직원들은 당연히 내일 만나는 줄 알고 무심히 돌아섰습니다. 그들이 마음껏 일할 수 있는 곳에서 가지고 있는 능력껏 일하며 살 수 있기를, 그 속에서 하나님을 발견할 수 있기를 기도했습니다.

사회적 기업 래그랜느

그동안 아쉬운 점도 많았습니다. 단순한 작업 이상의 근로 기회가 주어지지 못해 근로의 질이 향상되지 못했고, 그마저도 몇몇 사람에게만 기회가 돌아갔습니다. 이런 상황을 개선하고자 이런저런 목소리를 내보았지만, 벽에 부딪혀 주저앉을 때가 많았지요. 상황은 더 안 좋아져서, 2009년부터 시작된 국제금융위기에 국내 경제도 직격탄을 맞았고, 청년실업률이 10%가 넘는다는 기사가 나오기 시작했습니다. 장애가 있는 우리 아이들에게 일할 기회는 점점 요원해지는 것 같아 초조했습니다. 마지막 대안으로 내가 개인적으로 밀알보호작업장 같은 법인을 만들어보려 했지만 그마저도 쉽지 않았습니다.

뭔가 벽에 가로막힌 기분이었습니다. 문득 내가 개인적으로 무역 관련 사업을 하고 있으니, 또 다른 사업을 시작하는 건 가능하지 않을까 하는 생각이 들어, 개인 사업으로 작업장을 열기로 했습니다. 개인 자격으로 설립한 것이니 고용은 전적으로 대표의 몫이었습니다.

그동안 본 바로는 우리 아이들이 가장 잘할 수 있는 분야가 제과제빵이었기에 그것부터 시작하기로 하고 작업장 공사에 들어

갔습니다. 이번에는 주변에서 여러 말이 들려왔습니다. "개인이 장애인 작업장을 운영하겠다고? 너무 무모한 계획이야." "아니 몸도 성치 않은 애들을 데리고 무슨 사업을 하겠다는 거야. 집에서 애나 잘 돌보는 게 낫지 않아?"

물론 힘들 것을 염려해 하는 말인 줄 알지만, 그 아이들도 사회 구성원으로서 살아야 하는 사람입니다. 일할 권리가 있습니다. 부모가 없어도 스스로 자립할 수 있도록 사회 구성원으로 살아갈 기반을 마련해 주어야 합니다. 그래서 힘을 냈습니다. 이 일을 꿈꾸게 하신 이는 하나님임을 믿고, 하나님은 사람에게 마음의 소원을 주어 뜻을 이루신다고 하는데, '래그랜느'라는 꿈을 품게 하시면서 이미 다른 소원도 넘치게 주셨다는 생각이 들었습니다. 래그랜느는 과자와 빵을 만드는 새로 시작할 장애인 작업장 이름입니다.

2010년 5월, 자본금 3억 5천만 원으로 '주식회사 래그랜느'의 문을 열었습니다. 새로 설립한 회사 래그랜느(Les Graines)는 프랑스어로 '씨앗'이라는 뜻입니다. 장애인 보호작업장의 씨앗이 되어 앞으로 더 많은 작업장을 열게 할 원천이 되어줄 것을 기대하는 마음을 담은 이름입니다.

사회적 기업인 래그랜느는 자폐장애인에게 일자리를 제공해 꿈과 희망을 심어주겠다는 오랜 구상과 고뇌의 산물입니다. '직업은 그들에게 생존'이라는 소신을 제대로 펼쳐볼 것입니다.

래그랜느에서는 수제쿠키와 빵을 만듭니다. $133 m^2$ 규모의 작업장에서는 제과제빵 기술자들의 지도를 받아 우리 아이들이 직접 수제쿠키와 빵을 만들고, 같은 규모의 옆 공간은 카페로 운영합니다. 전문 바리스타가 상주하며 직접 만든 쿠키와 커피를 판매합니다. 우리 아이들이 제조뿐 아니라 서비스도 할 수 있도록 가르치고 훈련할 계획입니다.

래그랜느를 만드느라 적지 않은 자금이 들었습니다. 하나님이 도우셔서 이 회사가 크게 발전한다 해도, 나는 개인적으로 단 1원도 쓰지 않을 것입니다. 우리 아이들이 일할 수 있는 이런 작업장을 몇 군데 더 만들 계획입니다. 열심히 노력해서 기쁨으로 단을 가지고 돌아올 것입니다.

그런데 이것이 순진한 생각이었음을 깨닫는 데는 그리 오래 걸리지 않았습니다. 장애인을 위한 작업장을 만들면 누구나 도와줄 줄 알았던 거지요. 처음 관계 기관을 찾았을 때부터 순진한 마음은 산산조각이 났습니다. 이렇게 하면 된다가 아니고, 안 된다는 부정적 답변만 돌아왔습니다.

"이런 조항 때문에 안 됩니다." "왜 이런 일을 하려는 겁니까?"

아예 초기부터 일할 의욕을 꺾어버리는 응대가 대부분이었습니다. 자폐장애인 작업장을 만드는 데 지체장애인을 위한 화장실 설비를 설치해야 하고, 시각장애인을 위한 점자 시설을 만들어야 했습니다. 그런 것이 우리 자폐장애인에게 무슨 필요가 있는지 왜 그래야 하는지 물으면, 돌아오는 대답은 늘 똑같았습니다. "규정이 그렇습니다!"

생산시설을 설치하는 데 사용할 자금을 굳이 사용하지도 않을 시설을 만드는 데 써야 했으니, 그 비효율과 낭비가 얼마나 컸는지 모릅니다.

래그랜느는 지하 1층에 자리잡았는데, 지하에는 자폐장애인 작업장을 허가할 수 없다고 해서, 아예 내가 운영하는 무역회사에서 99%를 투자한 일반 주식회사를 만들었습니다. 그리고 고용촉진을 위해 정부 주도의 사회적 기업에 가입해 2년 동안 일부 장애직원과 교육인원에 대한 인건비를 지원받았습니다.

래그랜느에서 만든 제품을 팔러 다녀보았습니다. 마트에서 사는 제품보다 비싸다고 합니다. 장애인이 만든 것이니 싸야 한다고 하네요. 제품의 크기가 일정치 않고 제품마다 중량이 차이가 난다고 합니다. 기계가 아닌 손으로 만들어서 그렇다고 해도 무조건 안 된답니다.

해외 출장 시 장애인이 만든 제품을 자랑하던 거래선이 있었습니다. 제품이 정상 제품에 다소 못 미치고 가격도 싸지 않았지만, 즐거운 마음으로 사서 자랑하며 사용하는 모습을 보며 참 부러웠습니다.

"자, 여기 판 위에 동그라미가 열 개 있지? 이 위에 이 쿠키를 하나씩 놓고 이렇게 포장하는 거야. 이 판 위에 몇 개가 있다고?"

"열 개."

"그래. 어디 한번 놓아보자."

매일 아침 래그랜느에는 힘겨운 씨름이 이어졌습니다. 본격적으로 작업장을 시작하면서 직원교육도 함께했습니다. 생산한 쿠키를 포장하는 일부터 가르쳤습니다. 단순한 일을 끊임없이 반복했지요. 처음에는 쿠키를 하나씩 올려놓는 일조차 버거워했는데, 어느새 판 위에 제법 반듯이 쿠키를 올려놓을 정도로 발전했습니다.

"자, 아까 배웠지? 여기 판 위에 올려놓자. 그래 거기에 그냥

래그랜느의 쿠키와 빵 등 생산제품 라인업

포장하기 위해 종이에 쿠키를 올려 갯수를 맞추는 연습

놓으면 돼."

"아냐~~"

자폐장애인들은 매우 느리지만 섬세합니다. 조금만 비뚤어져도 견디지 못해 뭔가 잘못되면 신경질 내고 짜증 내며 고집을 부립니다. 포장까지 완성되자 발걸음이 바빠졌습니다. 쿠키 하나를 팔기 위해 많은 곳을 다녀야 했습니다.

"장애인들이 만든 쿠키입니다. 누구보다 열심히 만들었고 맛도 좋습니다."

"아, 그래요? 장, 애인, 이요?"

편견이 가득 담긴 시선부터 말투까지 별의별 반응을 겪었지만 괘념치 않았습니다. 그동안 그런 반응을 익숙해질 정도로 보아왔기에 쿨하게 넘어갔지요.

2012년 9월에는 래그랜느가 정식으로 서울시의 일자리 창출형 예비 사회적 기업이 되었습니다. 그러나 예비 사회적 기업 기간 2년을 지내고 정식 사회적 기업으로 인정받기 위해 노동부에 신청했으나 탈락되어 낙심도 많았습니다. 그래도 포기하지 않고 다시 사회적 기업 신청서를 제출했습니다. 1년간 비용을 자체 조달하며 버텼는데, 다행히 두 번 만에 신청이 받아들여졌습니다.

래그랜느 보호작업장이 노동부장관 승인 2013-037호로 사회적 기업 인증을 받게 된 것입니다.

내 표정이 밝고 신나 보여서인지 직원들도 덩달아 신난 표정을 지었습니다. 좋은 날인 만큼 매일 가던 구내식당을 벗어나 직원들이 가장 좋아하는 돼지갈비 집에 갔습니다. 반응이 폭발적이었습니다. 무한리필 돼지갈비 집이라 눈치 볼 것도 없이 마음껏 먹는 직원들을 보니 안 먹어도 배가 불렀습니다.

장애인 작업장에 그토록 집착하는 이유

우리 아이들에게 가장 필요한 것은 근로, 즉 일할 기회를 만들어주는 것입니다. 그래서 범선이가 고등학교 과정을 마치기 전부터 이 문제에 오랫동안 집착해 왔습니다. 대한민국에서 장애인으로 살기는 정말 힘들고 어렵습니다. 아직도 이 땅의 많은 장애인이 편견과 무관심에 맞서 싸우고 있습니다. 일하고 싶어도 취업의 문턱은 까마득하게 높기만 합니다. 특히 자폐성 장애인들에게 일자리는 하늘의 별 따기보다도 더 어렵습니다. 감사하게도 범선이는 대한민국에서 일하는 장애인으로 잘 적응해 가고 있습니다.

그러나 여기 머물지 않고 일의 질을 향상시켜야 합니다.

처음에는 복지재단을 만들어 보호작업장을 세워보려고 했으나, 개인이 복지재단을 만드는 것은 현실적으로 불가능했습니다. 그래서 개인 자격으로 새 일을 시작했습니다. 곳곳에 암초가 있었지만 다행히 첫 삽을 뜰 수 있었고, 마침내 새로운 회사를 설립했습니다.

저는 '직업치료'라는 단어를 사용하곤 합니다. 우리 아이들은 어려서부터 음악치료, 미술치료, 언어치료, 인지치료 등 치료를 많이 받습니다. 제가 범선이를 키우면서 경험하고 느낀 것은, 학교를 졸업하고 나면 이런 치료가 실생활에 크게 도움이 되지 않는다는 것입니다. 범선이 경우는 직업을 갖고 일하기 시작하면서 눈에 띄게 좋아졌습니다. 이것은 앞으로 살아가는 데 꼭 필요한 생존활동이기도 합니다.

래그랜느에서는 너나 할 것 없이 서로 도와가며 일합니다. 옆 친구가 미숙하면 도와줍니다. 자신의 일보다 먼저 도와줍니다. 출근하면 성경필사로 하루를 준비하고, 시키지 않아도 스스로 일을 찾아서 합니다. 오히려 일이 없으면 불안해하지요. 점심식사 후에는 서로 손잡고 산책합니다. 비장애인을 넘어서는 성실함과

직원들만의 조촐한 래그랜느 창립 10주년 기념파티

근면함이 있습니다. 저는 우리 직원들을 보면서 많은 것을 배웁니다.

2020년 5월 31일은 래그랜느 창립 10주년이었습니다. 그날 우리는 가장 쓸쓸한 축하파티를 열었습니다. 래그랜느가 10주년이 됐다는 상징성이 크기에, 오래전부터 좋은 분들을 초청해 작은 음악회도 여는 등 다채로운 행사를 선보일 계획이었습니다.

그런데 모임은커녕 코로나로 서울시에서 2주간 장애인 작업장 운영금지 조치를 내렸습니다. 모든 계획이 무산됐습니다. 너무도 속이 상해 앉아 있는데, 이대로 있을 수만은 없다는 생각이 들었습니다. 아침에 출근한 직원 일곱 명에게 생일 케이크를 만들라고 했습니다. 그리고 카스테라를 만들고 기념타월과 10주년 생일선물을 마련했습니다.

직원들이 만든 10주년 기념 케이크의 촛불을 끄고, 래그랜느가 열 살이 되었음을 축하했습니다. 축하해 주는 사람 하나 없는 우리만의 10주년 기념파티였지만, 10년간 혹은 수년간 이 작업장을 드나들며 청춘의 꿈을 꾼 청년들이, 조금 다르긴 해도 희망을 꿈꾸는 청년들이 있어서 든든했습니다. 래그랜느의 청년들은 일하고 싶을 뿐입니다.

무모한 도전? 작업이 곧 치료

범선이를 키우면서 참 많은 치료방법을 시도해 보았습니다. 개별적으로 특성에 맞게 작업치료를 비롯해 행동치료, 언어치료, 어떤 경우는 약물치료까지, 장애를 안고 사는 이들에게 치료는 평생 따라다니는 말이기도 합니다. 범선이도 학교에 다니면서 음악치료를 비롯해 미술치료, 언어인지치료 등 많은 치료를 받았으나, 여전히 감정을 주체하지 못했고, 자기 뜻대로 되지 않을 때는 자기 몸을 자해하는 일도 잦았습니다.

그런 범선이가 좋아지기 시작한 건 작업훈련을 받으면서였습니다. 제품 포장하는 방법, 쿠키 만드는 방법을 배우고 훈련하면서 예전과 달리 시간을 견디고 집중하는 법을 익혔습니다. 함께 작업하는 친구들과 한 공간 안에 있다는 것을 알고 도움을 줄 수도 있게 되었으니 큰 발전이 아닐 수 없습니다.

래그랜느 직원들도 마찬가지입니다. 강박행동이 있는 친구가 그런 습관 속에서도 맡은 일을 해내려 하고, 어떤 친구는 작업 과정을 일일이 외우는 등 인지능력도 향상되었습니다. 나는 이것을 '작업치료'라 부릅니다.

고등학교를 졸업할 연령대에 있는 자폐장애인들에게 방학을 이용해 작업치료 겸 훈련을 경험하게 했습니다. 일부 부모님들은 이 교육을 특별활동 정도로 생각하며 말합니다.

"감사합니다. 방학 동안 이런 특별한 프로그램도 마련해 주시고…."

"어머니, 이건 특별활동이 아니라 생존활동, 작업치료입니다. 우리 아이들이 앞으로 살아가는 데 꼭 필요한 훈련입니다."

처음 세 명의 천사는 가장 간단한 포장지 접는 훈련부터 시작했습니다. 우려한 바가 현실로 나타났습니다. 제품을 포장할 밑작업인 포장지 접는 일조차 하지 못했습니다. 곧바로 래그랜느 근로자들에게 한 것과 똑같은 교육을 시작했습니다. 가르치고 훈련시켜 그들이 끝내 해내는 모습을 보면서, 작업훈련은 정말로 필요하다는 것을 통감했습니다.

코로나와 무더위가 몹시도 기승을 부리던 2020년 여름 어느 날, 긴급돌봄서비스로 겨우겨우 일터를 운영하고 있을 때 반가운 소식이 들려왔습니다. 래그랜느가 서울시 제과제빵 시설 중 처음으로 HACCP 인증 최종심사를 통과했다는 것입니다. HACCP 인증을 받았다는 것은 국가가 시설이나 위생, 제품의 안정성을 보장한다는 뜻입니다.

그런데 HACCP 인증을 받았다는 소식에 기쁘기보다 씁쓸한 기분이 들었습니다. 일터가 거의 멈춰 있던 때 1억 원이라는 자비를 들여 시설공사를 했으니 몹시 부담스러웠던 것입니다. 매출이 전혀 발생하지 않는 시점에 사비를 들여 보호작업장을 공사해야 한다는 부담감, 그리고 보호작업장에 일반 작업장과 똑같은 잣대를 들이미는 데 대한 서운함 등으로 밤잠을 설칠 때가 많았습니다. 2020년부터 법적으로 의무화된 제과제빵 분야의 HACCP 시설을 갖출 것인지 말 것인지 선택할 것을 강요했고, 정부 인증을 받지 못하면 외부 판매를 할 수 없기에 대부분 외부 매출에 의존하는 래그랜느로서는 울며 겨자 먹기 식으로 선택할 수밖에 없었습니다. 직원들의 일터를 보장하기 위해서는 어쩔 수 없었습니다.

그런 상황에서 공사를 진행하고 최종심사를 통과했으니 기분이 썩 상쾌하지만은 않았습니다. 그래도 법적으로 인정받은 시설이고, 래그랜느에서 생산되는 모든 품목은 HACCP 인증 제품이니 그것으로 만족하려 했습니다.

황당한 규제에 울다

몇 해 전 청와대에서 규제개혁 토론회가 TV로 생중계된 적이 있었습니다. 일곱 시간에 걸친 끝장토론이었는데, 대통령도 직접 발 벗고 나섰지요. 우리 사회는 생각보다 많은 규제로 가로막혀 있습니다. 저는 장애인 작업장을 열면서 직접 부딪힌 경우가 무수히 많습니다. 반드시 필요한 규제도 있지만, 상당수의 규제가 불필요하고 비합리적입니다. 바로 장애인 편의시설이 그렇습니다.

래그랜느가 보호작업장 승인을 받으면서 또 다른 작업장에 대한 요청이 생겨 제2작업장이 필요하게 되었습니다. 제1작업장에서는 자폐성 장애가 있는 직원 여덟 명과 인턴사원 두 명이 빵과 과자를 열심히 만들고 있는데, 열 명이 일하기에는 공간이 협소하고, 일부 직원은 일에 대한 숙련도가 높아 새로운 일이 필요한 시점이었습니다. 제1작업장에서 숙련도가 높아진 직원에게 새로운 일자리를 제공하고, 원래 있던 자리에 신입사원을 충원하면 일자리를 창출하고 일의 질도 높일 수 있을 것 같아 제2작업장을 추진했습니다.

주변에서는 지금도 힘든데 왜 자꾸 일을 벌이느냐며 걱정했지만, 좀 더 많은 이들에게 일자리를 만들어주고 일의 질을 높여 조금이나마 자폐의 틀에서 벗어나게 해주고 싶었습니다.

제2작업장에 대한 마음의 소원이 불일 듯 일기 시작하면서 추진한 것이 LED 조명 사업이었습니다. 단순한 제조업이면서 판로를 잘 뚫으면 안정적인 사업이라는 판단에서였지요. 일단 제2작업장을 래그랜느 보호작업장의 분점으로 등록해 중증장애인 생산품목으로 지정받고, 중증장애인 생산품 우선구매 제도를 활용해 지자체 등 기업에 납품하려는 구상이었습니다.

새로운 사업인 만큼 노력과 자금이 필요했습니다. 한번 시작하면 추진이 빠른 성격인 탓에 송파에 아파트형 공장을 분양받았고, LED 조립 라인도 설치한 후 직업훈련도 했습니다. 이미 쿠키와 빵 만들기 작업에 익숙한 직원들이었기에 단순한 제품조립 과정도 제법 잘 해냈습니다. 그런데 생각지도 못한 일이 벌어졌습니다. 너무 성급했던 것일까요, 계획했던 것이 완전히 빗나가고 말았습니다.

"보호작업장 분점 등록은 불가합니다."

"네? 아니 왜요?"

"여기서는 안 됩니다. 소재 지자체에 다시 허가를 요청해 보세요."

놀란 가슴을 안고 소재 지자체에 시설 등록을 요청했지만 결과는 같았습니다.

"허가를 받고 싶으시면 보호작업장 요건에 맞게 편의시설을 설치해야 합니다."

이것은 하지 말라는 말과 같습니다. 래그랜느가 보호작업장으로 승인받기 위해 우리와 상관없는 편의시설을 갖추느라 얼마나 많은 시간과 재정과 노력을 들였는데, 이번에도 똑같은 과정을 거쳐야 한다니 온몸에 힘이 쭉 빠졌습니다.

그래도 끝까지 해보자는 마음으로 지식산업센터에 연락했더니, 다중이용시설에 입주자를 위한 편의시설은 불가능하다고 했습니다. 답답한 마음에 구청장에게 탄원서도 제출했지만, 어떤 답변도 돌아오지 않았습니다. 너무도 무관심한 태도에 사기가 완전히 꺾여버렸습니다. 보호작업장 승인을 포기하고 일반 기업으로 시장에 나간다면 실패할 것은 불 보듯 뻔했습니다. 저렴한 가격으로 대량 공급하는 중국산과 경쟁할 수 없을 테니까요.

래그랜느의 제2작업장은 결국 두 달 천하로 끝났습니다. 공장 운영 두 달 만에 문을 닫기로 결정했습니다. 많은 노력과 자금이 공중분해 된 것도 가슴 아프지만, 두 군데 작업장을 운영하며 직원들의 노동의 질을 높이고자 했던 바람이 공중분해 된 것 같아 더 마음 아팠습니다.

래그랜느는 다시 일상으로 돌아왔습니다. 어떻게 키워야 하지? 장래는 어떻게 준비하지? 늘 이런 걱정과 염려가 머릿속에서 떠나지 않았습니다. 힘든 시간을 견디면서 조금이나마 사리 분별

할 수 있는 사람으로 성장시키려 일터를 만들어가는 것인데, 이마저도 어려움이 많았습니다. 갈수록 일의 속도와 노동의 질은 향상되는데, 그만큼 수요가 따라주지 않아 걱정스러웠습니다. 경영하는 사람으로서 당연히 고민스러웠지요.

"주님, 그래도 피할 길을 주신다고 하셨지요?"

오로지 말씀을 붙잡고 그 말씀을 들이밀며 하나님의 도우심을 구했습니다. 범선이를 낳고 기르면서 참 많이 낮아지게 하셨는데 더 내려가야 하나 봅니다. 더 내려갈 곳이 없으면 그때 튀어 오르게 하실 테니 그날을 잠잠히 기다려보기로 했습니다.

뜻밖의 선물

제2작업장 일로 한 차례 날개가 꺾여 헤매고 있을 때 반가운 소식이 날아왔습니다. SRT 수서역에 사회공헌매장으로 래그랜느가 선정되었다는 소식입니다. 당시 SRT 수서역이 문을 열면서 여러 편의시설이 들어왔는데, 그중에서도 고속철도 운영기관인 ㈜SR이 사회공헌 1호 매장으로 래그랜느를 선정한 것입니다. 공익을 위해 일하는 곳인 만큼 장애인 자활 지원을 위한 비수익

매장을 운영하겠다는 방침 아래 우리를 선택한 듯했습니다.

기쁨도 잠시, 우리로서는 말 못할 고민거리가 생겼습니다. 우선 매일 13시간 연중무휴로 운영해야 한다는 조건부터 걸렸습니다. 직원을 충원해야 했습니다. 판매대에 언어와 계산 능력이 떨어지는 우리 장애인 직원을 세울 수 없기에 비장애인 직원을 채용해야 했고, 그것은 인건비가 많이 들어가야 함을 의미했습니다. 그 비용을 충당하기 위해서는 제품을 많이 팔아야 하고, 그러려면 생산을 파격적으로 늘려야 하니 고민이 되었습니다.

그러나 어렵게 얻은 기회인 만큼 포기할 수는 없다고 생각해 매장을 맡아 운영하기로 결정했습니다. 개업식에 맞춰 매장에 제공할 빵과 쿠키를 확보해야 하고, 직원 교육은 물론 새로 채용한 직원들과 합도 맞춰 보아야 하니 몸이 열 개라도 모자랐습니다.

개업하는 날, 새벽 2시에 눈이 떠졌습니다. 일찍감치 새벽기도를 다녀온 후 수서 매장에서 판매할 상품을 포장해 차에 실어 보내며 그 어느 때보다 간절히 기도했습니다. 오후 4시, 국회의원 두 분과 수서점을 열게 해주신 SRT와 롯데 GRS 대표님과 협약식을 맺고 매장 개업식을 진행했습니다. 지하 2층에 자리 잡은 래그랜느 매장에는 많은 사람으로 북적거렸습니다. 사회공헌

1호 매장이 개업한다는 소식에, 게다가 장애인 자활을 지원하기 위한 매장이라는 말에 많은 이들이 관심을 가져주었습니다.

오랜만에 작업장을 벗어나 매장으로 원정 나온 직원들도 한껏 상기된 표정이었습니다. 자신들에게 쏟아지는 관심과 카메라 세례를 의식하는지 잔뜩 긴장한 모습이었습니다. 세상과 소통할 수 있는 공간과 마음과 사람들을 허락하신 주님께 감사드렸습니다.

"추석 선물 주문량까지 맞추려면 조금 더 해야 해요. 좀 더 힘을 냅시다!"

오랜만에 래그랜느에 비상이 걸렸습니다. 직원들은 벌써 3일째 한 시간씩 잔업도 했습니다. 1년 중 이럴 때가 거의 없는데, 수서역 매장을 운영하면서 매장에 공급할 물량도 늘어난 데다, 추석 선물용 주문까지 수량을 맞춰야 했기 때문입니다.

"조금만 더 힘내자. 응?"

돌아다니며 한 사람 한 사람에게 격려를 건네니 언제 그랬냐는 듯 차분히 자신의 자리로 돌아가 다시 일하기 시작했습니다. 모두 흔쾌히 작업에 나서주어 겨우 택배마감 시간에 맞춰 잔업을 마쳤습니다. 땀까지 흘려가며 잔업을 마친 직원들을 보는데 코끝이 찡했습니다.

SRT 수서역 사회공헌매장 개소식

"우리 직원들, 수고했으니 선물 하나씩 드릴게요."

깜짝선물로 김 세트를 하나씩 전달했습니다. 다른 장애인 보호작업장에서 만든 제품으로, 직원들 선물로 사 두었는데 조금 일찍 풀었습니다. 얼마 뒤 부모님들에게 반가운 전화가 걸려왔습니다.

"무슨 선물까지 보내주셨어요. 우리 애가 집에 들어오더니 선물세트를 내미는데, 눈물이 핑 돌더라구요. 회사에서 주는 선물이라고 말하는데 … 아, 저희한테도 이런 날이 오는구나 싶어 너무 기뻤어요."

값으로 치면 얼마 되지 않을 수도 있지만, 우리 아이들과 가족은 그 얼마 되지 않는 것으로도 감격과 기쁨을 누립니다.

SRT 수서역 매장 제품까지 만들며 바쁘게 돌아가는 가운데 감사하게도 고마운 선물이 도착했습니다. KT&G에서 경차 한 대를 후원해 주었습니다. 배달비용이 만만치 않은데 하나님께서 또 이렇게 채워주셨습니다.

꿈의 사업장, 포천 농장 시대를 열다

자폐장애인 작업장을 운영한 지도 10년이 지났습니다. 하면 할수록 부족함과 어려움을 느낍니다. 그리고 새로운 작업장에 대한 욕심은 한없이 생겨납니다. 하나님, 이런 욕심은 죄가 아니지요? 저는 나름대로 세 가지 운영 철칙이 있습니다.

첫째, '장애인이 주 작업자가 되어야 한다.' 대부분의 장애인 작업장은 비장애인이 주 작업자이고 장애인은 보조 역할만 하고 있는 게 현실입니다.

둘째, '일이 없어 쉬는 시간이 많은 작업장이 되어서는 안 된다.' 주 생산품목과 더불어 다른 제품도 생산할 환경이 되었으면 합니다. 그래서 생각해낸 것이 제품생산과 농사의 병행입니다.

셋째, '우리 아이들이 나이 들어서도 홀로 살아갈 수 있는 터전이 마련되어야 한다.' 자폐성 장애 아이를 키우는 부모의 제일 큰 걱정은, 부모가 돌볼 수 없을 때 우리 아이는 어떻게 살아가나 하는 것입니다.

서울 근교에 3천 평 정도의 땅이 있으면 좋겠습니다. 그 안에 제조공장이 있고, 더불어 우리 아이들이 사는 그룹홈도 지어야겠지요. 남은 땅에는 농사를 짓겠습니다. 우리 아이들이 1차 상품으로 판매하기는 힘드니 가공식품을 만들 농사를 짓고 싶습니다. 공장에서 일하다 일거리가 없으면 농사를 짓고, 그 수확으로 간장, 된장, 효소, 쨈 등 2차 가공식품을 만듭니다. 우리가 있는 곳은 다른 장애인들의 체험실습장이 되겠지요. 여기 와서 일을 익히고 다른 곳에 취업하거나, 서너 명의 가족이 다른 공동체를 만들 수 있는 기회를 제공해 줄 장소가 되면 좋겠습니다.

꿈은 이루어진다고 했습니다. 하나님의 선한 인도하심으로 정말로 서울에서 가까운 포천에 농사 지을 땅을 구입하게 되었습니다. "흙은 거짓말하지 않는다." 이 말이 항상 머리에서 떠나지 않았습니다. 우리 아들은 일찍부터 작업장에 다녔습니다. 적은 금액이지만 일하면서 받은 급여를 한 푼도 쓰지 않고 저축했습니다. 세월이 지나니 적지 않은 금액이 모여, 이 돈으로 아들이 나이 들어도 일할 수 있는 농장을 꾸며보자고 마음먹었습니다.

2012년 초, 서울에서 멀지 않은 곳에 아들 돈으로 야산을 구입해 밭을 만들고 자그마한 집도 지었습니다. 주말이면 농장에 들어가 흙과도 친해지고 수확의 즐거움을 가르치고자 했습니다. 그리고 아들뿐 아니라 아들과 같이 일하는 래그랜느 직원들도 동참했습니다. 직원들도 도심을 떠나 바람쐬고 맛있는 점심도 먹으며 일하는 재미를 붙였습니다.

2018년에는 직원들을 위해 추가로 야산을 구입해 밭을 만들

천사들이 일군 포천 농장

었습니다. 전용 농사체험장도 만들어 일하면서 휴식하는 장소를 만들었습니다. 아들은 이제 쉬는 날이면 농장에 갑니다. 직원들도 한 달에 두 번 정도 농사체험을 합니다. 봄에는 감자, 고추, 토마토, 가지를, 가을에는 배추, 무, 파 등을 심고 수확합니다. 수확한 작물은 꼭 자신들이 챙겨 집에 가져갑니다. 아로니아, 보리수, 오디도 수확합니다. 직원뿐 아니라 같이 산행하는 봉사자들과 천사 가족에게도 개방되어 있습니다. 모여서 교제하고 맛있는 음식도 같이 만들어 먹습니다. 우리처럼 알차게 사용하는 농사체험장은 어디에도 없을 겁니다.

우리 아이들의 미래는 흙이라고 생각합니다. 나이가 들면 흙과 함께 살아가는 에덴동산이 되었으면 합니다. "눈물을 흘리며 씨를 뿌리는 자는 기쁨으로 거두리로다 울며 씨를 뿌리러 나가는 자는 반드시 기쁨으로 그 곡식 단을 가지고 돌아오리로다"(시 126: 5-6).

위기는 또 다른 기회

2019년 래그랜느에 싸늘한 바람이 불었습니다. 1년에 네 차례 정도는 일할 맛이 날 만큼 작업장이 바쁘게 돌아가곤 했는데, 2019년 들어서는 분위기가 좋지 않았습니다. 2018년 설과 추석 즈음에는 주문량이 많아 잔업하면서 신나게 일했던 기억이 있어서 주문량을 예상해 비축 생산도 해 놓았는데, 그만 주문이 뚝 끊기고 말았습니다. 불황이라는 단어를 뼈저리게 실감하는 순간이었습니다.

작년 대비 주문량이 10%도 채 안 되는, 소위 매출 비상이 걸렸습니다. 재고가 쌓이기 시작했고, 언제 풀릴지 모르는 경기로 경영자로서 더욱 불안하기만 했습니다. 기도는 날이 갈수록 간절해졌고, 수요처를 찾는 제 발걸음은 더욱 분주해졌습니다. 래그랜느를 시작한 이래 줄곧 공공기관이나 기업체를 다니며 제품 영업을 해왔지만, 이번에는 더욱 간절함을 담아 뛰었습니다.

"래그랜느에서 만든 제품입니다. 레시피도 훌륭하고 선물용으로 잘나갑니다. 한번 봐주세요."

"네네, 알겠습니다. 일단 두고 가세요…."

이런 반응은 곧 거절입니다. 이제 그런 반응에 무뎌질 때도 됐는데 여전히 마음에 상처를 받습니다. 그렇다고 물러설 수 없지요. 우리 직원들이 어떻게 만든 제품인데, 재고로 쌓아둘 수만은 없습니다. 발에 땀이 나도록 뛰어다니고 사람들을 만나러 다녔습니다.

"대표님, 올해는 정말 어렵네요. 예산 자체가 안 잡혔어요."

"네 … 그렇군요. 할 수 없죠. 다음에 부탁합니다."

맥이 풀려 래그랜느에 돌아와서 지하 1층 작업장으로 내려가니, 일없는 직원들이 예술치료를 받고 있었습니다. 작업장에서는 일만 하는 게 아닙니다. 시간을 내 악기도 배우고 그림도 그리는 등, 여러 치료 프로그램을 도입해 조금씩 나아지려 하고 있습니다. 자폐장애인 중에는 예술 분야에 재능 있는 이들이 있어서 예술활동을 접목하면 정서적으로 나아진다는 것을 알고 있었습니다. 이것이 악기와 그림 배우기 등을 시작한 배경입니다. 그런데 일이 많이 줄면서 치료 프로그램이 주가 되고 있으니 마음이 씁쓸했습니다.

필기구 사업에 도전하다

코로나 2년 차를 맞아 래그랜느 직원들의 인력을 가장 잘 활용할 수 있는 게 무엇인지 고민하다 필기구 사업을 아이템으로 정했습니다. 다른 곳에서 물건을 떼다 파는 것이 아니라, 대만 유명 업체에서 부품을 받아 래그랜느 직원들이 직접 조립, 인쇄, 포

필기구 조립 사업

장해서 판매하는 사업입니다.

　사업의 지경을 넓히게 된 건 우리만의 고육지책이기도 합니다. 우리 직원들이 할 수 있는 최대의 가능치를 사업에 접목해 보려는 몸부림이기도 합니다. 제과제빵 사업을 10년째 하다 보니 이 분야에 비수기가 많다는 것을 알게 되었고, 생각해낸 것이 필기구 사업이었습니다. 시제품을 만들어 보니 거의 균등한 실력을 발휘하는 것 같아 안심했습니다.

제빵과 쿠키, 필기구를 만들고, 한 달에 한두 번은 포천 농장에 가서 생산활동을 하면 좋겠다고 생각했습니다. 이렇게 다양한 일을 하다 보면 다른 데 신경 쓸 시간 없이 오롯이 일에 집중할 수 있을 테니, 이것이 가장 좋은 치료법 아닐까요?

2021년 6월 1일, 래그랜느 5층에 두 번째 작업장을 열었습니다. 평판 인쇄기를 설치, 직원들이 조립한 필기구를 인쇄하고, 고객의 요청이 있으면 아웃소싱한 제품도 인쇄공정을 거쳐 판매합니다. 저는 장애인 작업장을 시작할 때부터, 장애인 직원이 주 근로자가 되고 비장애인 직원이 도와주는 형식을 지향했습니다. 11년을 지내고 보니 직원들도 노는 것보다 일하는 걸 좋아한다는 사실을 알았습니다. 일거리를 만들어주는 게 제 의무이자 책임인 것 같습니다.

필기구 사업을 추진하면서 동시에 중증장애인 생산품목을 신청해 승인받았습니다. 그래서 관공서나 기업체의 의무 구매를 기대했습니다. 그런데 현실은 녹녹지 않았습니다. 필기구는 학교에서조차 수요가 줄어드는 추세고, 중증장애인 생산품목이라도 관공서와 기업체에서는 저가 제품 위주의 기존 구매처 대신 다른 구매처 검토를 꺼리는 상황이었습니다.

판매가 불규칙하면 생산도 불규칙할 수밖에 없습니다. 재고관리나 인원배치 및 생산설비 특히 인쇄설비가 큰 어려움에 부딪혔습니다. 인쇄설비는 계속 생산하지 않으면 도료가 응고되고 설비는 계속 수리해야 합니다. 결국 2년 정도 운영하다 철수하고 말았습니다. "실패는 성공의 어머니"라는 말을 되새기면서 또 새로운 기회를 찾아봅니다.

Chapter 3
함께 사는 세상을 만들어요

진심으로 이해해 주는 친구와 가족은
고립으로 빠져드는 것을 막아줍니다.
그래서 우리는 연대할 수밖에 없습니다.

직원들의 건강검진

범선에게 내일 건강검진이 있으니 오늘 밤부터 금식해야 한다고 말했는데, 왜 금식하는지 모르는 범선이는 이것을 지키기가 어렵습니다. 출장 검진을 받기 때문에 조금은 수월하지만, 그래도 비장애인 직원들이 전부 나서서 검진을 보조해야 합니다.

"귀에서 삐 소리 나는 쪽 손을 드세요."

"숨 참고 움직이지 마세요."

이런 말을 잘 이해하지 못합니다. 소변 검사도 비장애인 직원이 한 명씩 동행해야 합니다. 혈액 검사는 네 명이 붙잡고 하기도

합니다. 문진은 거의 비장애인 직원이 대답합니다. 그래도 한 명도 낙오 없이 모두 검진을 마쳤습니다.

장애인 직원들도 나이가 들어갑니다. 내시경, CT, MRI 등 정밀 검사를 받을 수 있는 전문병원이 필요한 이유입니다.

맘 놓고 진료받을 병원 없나요?

하루는 범선이가 갑자기 다리를 절뚝거리길래 정형외과를 찾았습니다. 범선이처럼 자폐가 있는 대부분의 친구들은 신체적인 아픔을 제대로 알지 못합니다. 자신의 상태를 세세하게 설명할 수 없기에, 보호자 입장에서는 겉으로 보이는 모습만 보고 짐작할 뿐입니다.

의료진에게 아들이 자폐로 인한 발달장애가 있다고 설명한 뒤 증상을 말하니 엑스레이 검사를 하자고 합니다. 이럴 때면 아버지인 저는 아들의 촬영을 도울 인력으로 투입됩니다. 아이가 방사선사의 지시를 이해하지 못하기 때문에, 보호자가 들어가지 않으면 자리 이탈은 물론이고 엑스레이 촬영을 할 수가 없습니다. 납으로 된 보호복을 입고 촬영을 돕다 보면 땀이 비 오듯 흐릅니다. 촬영 한번 하고 나면 범선이도 저도 온몸에 힘이 하나도 남아 있지 않습니다.

"엑스레이 상으로는 이상이 없습니다. 그래도 정 불편해하면 종합병원에 가보시죠."

이번에도 이렇게 성의 없는 답변이 나오니 가슴이 답답했습니다. 차가운 병원 문턱에서 발로 차인 기분이랄까요. 비장애인도 그렇지만 장애인도 나이가 들수록 병원 갈 일이 많아집니다. 그런데 자폐성 장애인들은 갈 만한 병원이 없습니다. 병원에서 이들을 부담스러워하기도 하고, 대부분의 경우 종합병원으로 가보라고만 합니다.

의료보험관리공단에서 매년 실시하는 근로자 검진도 비장애인에게는 간단하지만, 우리 아이들에게는 너무도 어려운 일입니다. 검사받기 전 금식부터 사투를 벌여야 합니다. 간단한 내과 검진도 '숨을 깊게 쉬세요' '숨을 참으세요' '어디 아픈 데나 불편한 데 없어요?' 같은 질문을 이해하지 못합니다.

엑스레이 검사는 더욱 어렵습니다. '가슴을 붙이고 숨 참으세요.' 이 지시를 이해하지 못하니, 내가 들어가 도와야 합니다. 그 중에서도 최고봉은 주사바늘이 동반되는 검사입니다. 주사바늘

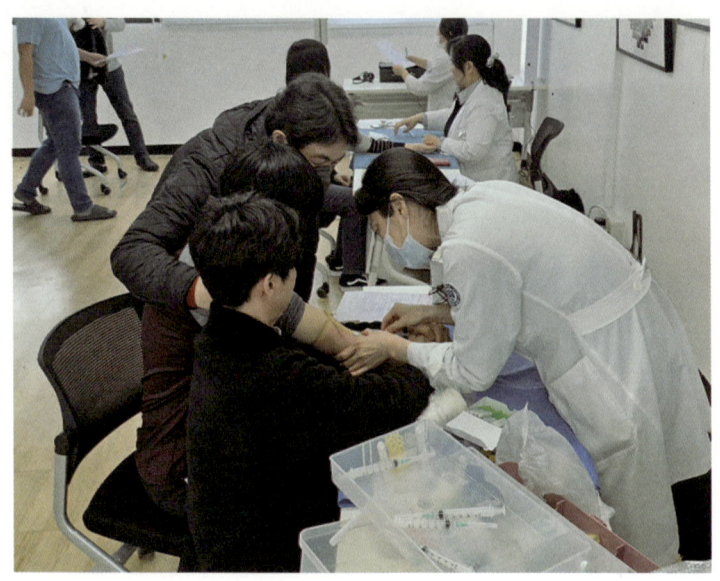
힘겹기만 한 장애인 건강검진

만 봐도 뒤집어지는 아이들이 많기에, 혈액 검사를 할 때면 환자와 보호자가 사투를 벌입니다. 제대로 된 검진일 수가 없습니다.

치과 치료는 거의 공포 수준입니다. 소리와 감촉, 통증 등이 수반되어 그로 인한 강박행동이 나타나는 경우가 많기에 대부분 전신마취를 해야 합니다. 생선을 먹다가 목에 가시 하나만 걸려도 제대로 의사 표현을 할 수 없어 내시경 검사를 해야 하는데, 이 역시 동네병원은 진료를 불편해해 종합병원으로 가야 합니다.

예방접종조차도 꺼리는 병원이 있습니다. 이런 상황이다 보니 자폐성 장애인들에게 병원 문턱 넘기는 하늘의 별 따기와 같습니다. 많은 환자를 봐야 하고, 다른 환자에게 피해를 줄 수도 있기에 그럴 수 있겠다고 이해해 보지만, 서운함이 드는 건 어쩔 수 없습니다.

이런 불편함을 조금이라도 해소하고자 오랫동안 자폐성 장애인을 위한 의료대책, 부모가 방호복을 입지 않고도 아이가 진료받고 검진받을 수 있는 자폐성 장애인 전문병원 설립을 제안하며 다양한 경로로 목소리를 냈지만, 한 번도 받아들여지지 않았습니다. 자폐성 장애인도 치료받을 권리가 있는데, 현실의 벽은 언제나 그대로인 것 같아 마음이 아플 뿐입니다.

우리 천사들과 부모들도 편하고 당당하게 치료받고 검사받을 수 있는 전문병원이 생기면 좋겠습니다. 더는 아픈 것이 미안하지 않고 눈치 보지 않는 세상이 되면 좋겠습니다.

우리도 도울 수 있어요

아파 본 사람이 아픈 사람의 마음을 잘 압니다. 신체적인 어려움을 겪으면서 누구에게도 말할 수 없는 감정과 정서를 공감할 수 있어서일 겁니다. 평생을 자폐성 장애인들과 함께한 저도 그들의 행동을 이해할 수는 있지만, 그들의 마음까지 이해하기는 어렵습니다.

그러나 우리 천사들은 다릅니다. 자신이 어려움을 겪고 있어서인지 아픔 겪는 이들을 보면 행동이 좀 달라집니다. 말없이 주변을 맴돌며 자기 나름의 배려를 합니다. 래그랜느 보호작업장을 운영하며 많은 이들의 도움을 받으면서, 어느날 이런 생각이 들었습니다. 우리 천사들도 마음이 아픈 아이들이니, 아픈 다른 이들의 마음을 위로해 줄 수 있지 않을까?

그러던 차에 병원에서 본 소아암 병동이 떠올랐습니다. 병명은 다르지만 자폐라는 장애를 가지고 있는 우리 아이들과 암이라는 무거운 병을 가지고 사는 그 아이들, 이 아픔의 짐을 지고 뒷바라지하는 부모들의 모습이 오버랩 되며 어떻게 하면 위로할 수 있을까 생각하다가 병원을 찾아갔습니다.

마침 어린이날이 다가오고 있어 래그랜느 직원들에게 특별히 부탁해 쿠키세트를 만들어 삼성서울병원 소아암 병동에 전달했습니다. 아이들과 직접 만날 수 없어 쿠키만 전달하고 병원 관계

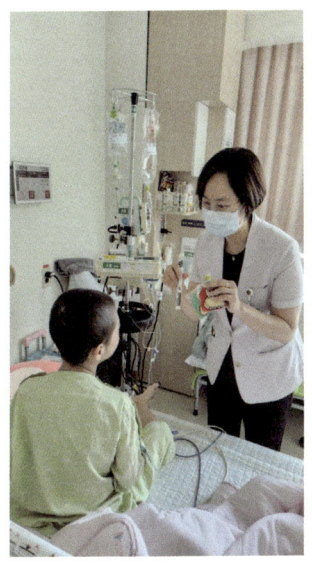

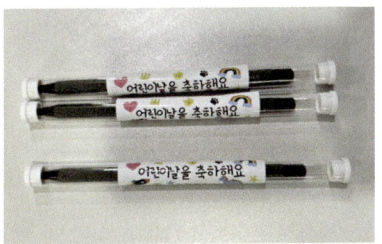

소아암 병동에 쿠키와 볼펜을 선물

자와 이야기를 나누었는데, 바로 다음 날 피드백이 왔습니다.

"남 대표님, 주신 쿠키는 소아암 병동에 잘 전달했어요. 아이들과 부모님들이 너무 좋아하시더라고요."

그 말에 가만히 있을 수 없어 예수님 오신 성탄절에 다시 쿠키를 들고 가겠다고 약속했습니다. 그리고 래그랜느는 그 약속을 지켰습니다. 약속은 해마다 지키고 있는데, 2019년에는 병원에서 주는 감사패도 받았습니다. 병원 측과 이야기할 기회가 생겨, 그동안 여러 채널을 통해 이야기해 온 자폐성 장애인들의 의료제도에 관해 말씀드렸습니다. 복지 사각지대에 놓인 우리의 상황을 이야기하자 고맙게도 도울 방법을 검토해 보겠다는 답변을 받았습니다.

래그랜느의 쿠키로만 도울 수 있는 건 아닙니다. 용인에 있는 치매노인 시설을 방문하게 되면서, 음악적 재능으로도 돕기 시작했습니다. 범선이는 색소폰 연주로 이미 무대에 서고 있고, 래그랜느의 오카리나 합주단도 연주할 정도가 되었기에, 치매 할머니 할아버지를 위한 위문공연을 열었습니다.

연주자는 밀알천사 세 명, 그리고 천사 민성이 아빠가 멋지게 사회를 보고 트로트 메들리까지 열창해 주는 바람에 복지원이 오랜만에 들썩거렸습니다. 색소폰 연주를 맡은 범선이가 "내 나이가 어때서" "사랑은 아무나 하나"를 신나게 연주하니, 할머니 할아버지의 얼굴에 웃음꽃이 가득 피었습니다.

우리 천사들과 어르신들의 상황이 다르지 않은 것 같았습니다. 기억을 잘 못하는 것과 기억을 잃어가는 어디쯤이 비슷한 듯했고, 자폐성 장애인들을 바라보는 어르신들의 애잔함과 기억을 잃어가는 어르신들을 바라보는 우리 아이들의 담담함이 쓸쓸한

래그랜느 합주단의 오카리나 연주

웃음을 주는 것 같았습니다. 사랑은 받는 것보다 주는 게 더 아름답다는 예수님의 가르침은 진실이었습니다.

Part 2
문제 삼지 않으면
아무것도 달라지지 않는다

Chapter 1
장애인에게도 일할 권리가 있다

대한민국 국민이면 누구나 일할 권리가 있습니다.
그러나 청년이 일자리 구하기는 매우 어렵습니다.
하물며 중증 자폐성 장애 청년은 어떨까요?
자폐성 장애인들에게 일자리는 생존이기도 하지만 치료입니다.

일할 권리

앞에서 이야기했듯 현실에서는 새로운 일터를 만들려 해도 많은 규제가 막아섭니다. 그래서 개인 자격으로 작업장을 만들기가 사실상 거의 불가능합니다. 그 많은 규제 가운데 불합리하다고 판단되는 첫 번째 규제가 편의시설 규제입니다.

장애인 복지법 시행규칙 제43조, 시설의 설치운영기준(시설의 구조 및 설비/ 2007. 12. 28. 시행/ 2015. 12. 31. 개정)에 따르면 "모든 복지시설은 장애인, 노인, 임산부 등의 편의시설 보장에 관한 법률에 따른 편의시설을 갖추어야 한다"고 정해 놓았습니다. 바로 여기 맹점이 있습니다. 육체적인 활동에 전혀 문제가 없는 자폐성 혹은 발달장애인을 위한 작업장을 만들려 해도, 휠체어는 물론 모든 지체장애인의 출입이 가능한 편의시설을 전부 갖추어야 합니다. 왜 그럴까요? 아무도 모릅니다. 단지 법규칙에 그렇게 정해져 있기 때문입니다.

청각·시각 장애인 편의시설도 갖추고, 남자 화장실에도 영유아 편의시설인 베이비시트를 설치해야 하는데, 그 이유를 아무도 모릅니다. 불필요하고 불편한 규제입니다. 막상 설치해도 사용하지 않는 편의시설을 갖추려면 막대한 비용이 필요할 뿐 아니라, 기존 건물에 대대적인 개보수가 필요합니다. 건물을 신축하거나 자가 건물을 소유한 경우에는 자금이 투입되더라도 가능하지만, 임대 건물에 이를 적용할 경우 건물주가 대대적인 개보수를 허락할지 의문입니다.

이런 규제를 해결해 보려고 오랜 기간에 걸쳐 정부 각 부서에 민원을 제기하고, 서명을 받아 국회에서 공청회도 열어보았습니다. 대답은 어느 정부나 다르지 않았습니다. 형평성에 어긋난다는 것입니다. 그렇다면 이러한 규제로 자폐성 장애인들의 일자리 창출을 막는 것은 형평성에 어긋나는 게 아닌지 되묻고 싶습니다. 관련 기관의 유연한 대처와 탄력성을 바탕으로 하는 변화가 필요한 대목입니다. 모든 장애인이 이용하는 지자체의 종합복지관이나 대규모 종교시설에서 운영하는 복지시설에는 현행 법규를 시행하되, 개인이 설치하고자 하는 소규모 직업재활 시설에는 장애의 분류에 따라 그에 걸맞는 편의시설을 구분해 설치하도록 개정해야 합니다.

제정한 지 20년(2007년)이 다 되어가는 시행규칙이 아직도 적용되고 있는데, 시대 변화에 따른 유연성이 필요합니다. 이런 편의시설 규정은 미국 같은 복지선진국에도 없는 것으로 알고 있습니다. 이제 우리도 생각을 바꾸어야 합니다. 생각을 바꾸면 일터가 생길 수 있고, 일터가 생기면 장애인이 일할 수 있습니다.

물고기를 주는 것보다는 물고기 잡는 법을 가르쳐주는 것이 현명하고 경제적인 복지정책입니다. 대기업과 중소기업이 공존해야 경제가 균형 있게 발전하듯, 대규모 복지시설과 소규모 시설이 공존해야 복지 사각지대가 없는 사회로 발전합니다.

장애인 직업재활 시설 설치를 어렵게 하는 또 다른 규제가 있습니다.

건축물 용도 건축물 시행령 제3조 5(용도별 건축물의 종류) 별표1 개정(2016. 5. 17): 사회복지시설 및 근로복지시설은 노유자 시설의 건축물 용도를 따라야 함

노유자 시설로 등록하려면 우선 편의시설을 설치하고, 건물 전체의 평면도를 지자체에 제출해 허가를 받아야 합니다. 그런데 이것은 개인이 할 수 있는 게 아닙니다. 그만큼 전문적인 분야기 때문에, 대부분 전문 설계사무실에 의뢰할 수밖에 없습니다. 당연히 비용이 들고 시간도 많이 걸립니다.

문제는 또 있습니다. 노유자 시설로 건축물 용도를 등록하면 공장을 설치할 수 없습니다(단, $500m^2$ 미만의 경우에만 공장 설치가 가능).

직업재활 시설도 노유자 시설로 등록해야 하는데, 그럴 경우 공장 설치는 불가능합니다. 아파트형 공장을 이용할 경우에도 법적으로 입주하는 직업재활 시설을 위해 노유자 시설의 설치와 등록은 불가능합니다. 그러나 지자체에 따라 허가하는 곳도 있고 허가하지 않는 곳도 있습니다. 그러면 새로 직업재활 시설을 만들려면 어디로 가야 하나요?

장애인 직업재활 시설을 늘리기 위해서는, 노유자 시설 등록이 안 된 근린생활 시설이나 공장에도 설치되도록 법률을 개정하거나, 시행령이나 시행규칙상 조항을 삽입해야 합니다. 지금 바로 시행하는 선결적 운영이 시급합니다.

직업재활 시설을 운영하다 보면 직원 추가 고용이 필요함에도 수용이 불가능할 때가 있습니다. 이럴 경우 제2작업장이나 다른 곳에 분점을 설립하면 해결할 수 있습니다.

사회복지사업법 제34조 2: 시설의 통합 설치 운영 등에 관한 특례법 적용에 관하여 해당 관계 법령에 따라 해당 지자체에 신고하거나 허가 등을 받아야 한다.

그러나 현실은 담당자의 법규 해석에 따라 허가 여부가 결정되며, 정해진 규정이 없습니다. 근래에는 타 지역에 분점을 설립하는 것은 거의 허가되지 않고, 장애인 편의시설과 노유자 시설을 등록해 신규 시설을 설립하라고 합니다. 사실상 분점이나 제2공장은 불가능한 상황입니다. 이러한 자의적 해석은 당연히 시정되어야 합니다.

분점 운영 및 설치에 관해서 명백한 법규를 신설해, 담당자의 재량에 따라 허가 여부가 결정되는 비효율적 구조에서 벗어나야 합니다. 객관적이고 합리적인 판단 근거를 만들어야 민원인도 설득할 수 있습니다. 그리고 분점을 운영할 때, 중증장애인 생산품목 같은 시설 인증은 하나로 통합 적용해야 합니다. 요즘같이 부동산 가격이 폭등하는 시기에는 수도권에서 직업재활 시설의 운영이 어려울 수도 있습니다. 특히 임대시설을 이용할 경우 더 힘듭니다. 타 지자체에도 분점 등록이 가능하도록 명시적으로 규정해야 고용안정과 확대를 기대할 수 있습니다.

장애인 일자리 정책은 복지가 아닌 인권 문제

"단지 돈을 벌기 위해서가 아니라, 인간다운 삶을 영위하기 위한 기본권 보장 차원에서 중증장애인이 일할 기회를 제공해야 한다."

_ 조종란(서울여대 석좌교수, 전 장애인 고용공단 이사장)

래그랜느는 근로 장애인 전체가 장애 1~2급의 자폐성 장애인입니다. 그들과 가족에게는 래그랜느에 출근해서 오후 5시까지 일하는 게 인간다운 삶의 일부입니다. 출근 시간이 오전 9시지만 8시 전부터 출근하기 시작해 8시 30분 전에 거의 모든 직원이 출근합니다. 일반 직원보다 더 일찍 출근합니다. 저도 아들과 함께 8시 전에 출근해 직원들의 출근을 지켜봅니다.

무거운 발걸음으로 마지못해 오는 직장이 아닙니다. 항상 밝은 목소리로 아침 인사를 하며 즐거운 모습으로 출근합니다. 중증장애인들에게는 최저임금 보장이 문제가 아닙니다. 일할 수 있는 기회를 부여하는 것이 더욱 중요하고, 이것이 인간다운 삶을 영위하는 방편입니다. 그러기 위해서는 일자리를 늘려야 합니다. 국가에서 모두 해줄 수 있으면 좋겠지만 현실적으로 불가능하기에, 개인의 일자리 창출 기회를 만들어주고 권장해야 하는데, 현실은 각종 규제로 개인의 참여를 사실상 막고 있습니다.

제가 오랜 기간 규제 철폐를 외쳐 왔지만 아직도 아무런 성과가 없습니다. 요즘 대선 공약으로 탈모치료나 임플란트에 의료보험을 적용하는 것이 화두로 떠오르고 있지만, 정작 중증장애인들의 필수진료에 대한 언급은 없습니다.

발치할 때나 CT, MRI, 내시경 검사를 할 때도 전신마취를 해야 하는 중증장애인이 많습니다. 일반인의 발치 비용은 의료보험이 적용되어 5만 원 이내로 저렴한 편이지만, 중증장애인의 경우 전신마취가 의료보험이 적용되지 않아 백만 원이 넘게 듭니다. 치료도 대학병원급 종합병원에서만 가능합니다. 이제는 정부도 소수 중증장애인과 그 가족의 아픔과 호소에 귀 기울여 주시기 바랍니다.

누구를 위한 형평성인가

2022년 대통령 선거가 있던 날 저는 사전투표를 했지만, 아들은 투표의 의미도 모를 뿐더러 참여도 불가능해 이른 아침부터 부자가 산정호수를 걸었습니다. 호수의 절반은 얼음이고 나머지 절반은 푸른 물로 출렁이는데, 그 경계선에 태양이 떠오릅니다. 아들도 걷다가 걸음을 멈추고 바라봅니다. 곧 얼음이 녹고 봄이 오겠지요. 오랜 기간 얼어붙어 있던 중증장애인과 가족의 마음도 녹아 하나의 물이 되길 간절히 기도합니다. 새 정권에서는 중증장애인과 가족의 삶이 좋아질 수 있기를 기원해 봅니다.

지난 번 대통령 선거 전날에는 발달장애인 부모가 자녀를 살

2022년 대통령 선거가 있던 날, 산정호수

해했다는 소식이 TV 뉴스를 통해 보도되었습니다. 국가가 정한 교육과정을 마치면 중증 발달장애인은 갈 곳이 없습니다. 부모가 24시간 돌볼 수밖에 없습니다. 그래서 중증 발달장애인들과 가족이 살아갈 수 있도록 제도 및 일부 법률을 개선해 보고자 국회, 청와대, 지자체로 오랜 기간 뛰어다니면서 다음 세 가지를 호소했습니다.

1. 작업장 설립이 용이하도록 편의시설 및 노유자 시설

조항의 철폐 및 개정
2. 중증장애인을 가족이 돌볼 수 있도록 활동보조인 제도 개선
3. 중증장애인 필수 치료과정에 대한 의료보험 적용 및 전문병원 설치

그러나 지금까지 개선된 건 거의 없습니다. '형평성에 어긋난다'는 이유였습니다. 복지란 사각지대를 없애는 일이라 생각합니다. 평등(equality)과 형평(equity)을 모두 생각해 보아야 합니다. 평등은 모든 이에게 똑같이 제공하는 것입니다. 예를 들면, 모든 사람에게 같은 크기의 신발을 주는 것이지요. 그러나 형평은 각자의 상황에 맞게 조절하는 것입니다. 발 크기에 맞는 신발을 각자에게 주는 것이지요.

지자체, 국회, 보건복지부, 대통령실 등 여러 사람을 만나면 제일 많이 듣는 말이 '형평성'이라는 단어입니다. 검색창에 '사회적 형평성'을 입력하니 "모든 사람이 공정하게 대우받도록 사회적 제도나 자원을 조정하는 것"이라고 알려줍니다. 이는 단순히 똑같이 나누는 평등이 아니라 필요나 여건에 따라 공정하게 나

눈다는 의미에 가깝습니다. 개인이나 집단의 사회적 경제적 차이를 고려해, 모두 공정한 기회와 결과를 누릴 수 있도록 만드는 사회적 가치인 것입니다. 출발선이 다른 사람들에게 공정한 기회를 주고, 불평등을 완화해 사회적 통합을 촉진하며, 취약계층 보호를 통해 지속 가능한 공동체를 만들기 위해 사회적 형평성은 매우 중요합니다.

그러나 현실은 다수를 위해 소수가 양보하거나 희생해서 균형을 맞추나 봅니다. 정치권도 지자체도 관공서도 심지어 장애인 단체 안에서도 모두 자신의 유불리에 따라 형평성을 결정하는 것 같습니다.

활동지도사가 연결되지 않아 직계가족이 돌볼 수밖에 없을 때 직계가족에게도 수당을 지불하자 했고, 장애인 직업재활 시설에 의무적으로 설치해야 하는 노유자 시설도 완화하거나 폐지하자 해도 형평성에 어긋난다는 답만 돌아옵니다. 정권이 바뀌고 국회가 바뀌어도 마찬가지입니다.

장애인 복지법에는 "모든 사회복지 시설에는 장애인과 노인, 임산부를 위한 편의시설을 갖추어야 한다"고 규정하고 있습니다. 자폐성 장애인 작업장을 시작한 2005년, 모든 작업장에는 장애

발달장애인 시설에는 전혀 필요 없는 시각장애인 안내판과 베이비시트 등 래그랜느에 설치했으나 단 한 차례도 사용하지 않음

의 종류에 상관없이 지체, 청각, 시각 등 모든 장애인, 노인, 임산부 편의시설을 갖추라는 법령을 이해할 수 없었습니다. 그러나 우리 아이들의 일자리가 워낙 시급해 어쩔 수 없이 시설을 설치할 수밖에 없었습니다.

그 후 세 차례 정권이 바뀌는 동안 지속적으로 청와대 민원 및 국회, 지자체 등을 찾아다니며 규제 철폐와 해소를 건의했지만 언제나 답변은 간단했습니다. 자폐장애인들만 규제 완화를 해주면 형평성에 어긋난다는 것입니다. 세 정권에서 똑같이 거절의 답을 받았습니다.

제가 거주하는 강남구에는 9개 보호작업장에서 장애인 322명이 일하고 있는데, 그중 7%인 20명이 청각장애인이고 나머지 302명은 전부 발달장애인입니다. 서울시에는 140개 시설에서 4,179명의 장애인이 일하고 있는데, 시각장애인 264명(6.32%), 지체장애인 191명(4.57%), 청각장애인 51명(1.22%), 합계 506명(12.11%) 이며, 나머지는 대부분이 발달장애인입니다.

시각, 지체, 청각 장애인은 대개 최저임금 이상을 받는 근로작업장 형태에서 근무하는 것으로 알고 있습니다. 오히려 발달장애인이 형평성에 어긋난 대우를 받고 있는 듯 보입니다. 보호작업장 대부분에서 발달장애인이 일하고 있는데, 왜 편의시설 법규로 신규 설립에 제한을 받아야 하고, 갈 곳이 없어 집에만 머물러야 하는지요? 같은 발달장애인이 일하는 사회적 기업은 이런 규제를 받지 않습니다. 누구를 위한 규제이고 누구를 위한 형평성인지 누가 속 시원하게 답해 주실 수 있는지요. 그래서 제가 어리석은 질문을 몇 가지 던져 보았습니다.

어리석은 질문 발달장애인 작업장에 그들이 사용하지도 않는 시설을 만들게 함으로써, 신규 작업장 설립을 어렵게 만들어 결과적으로 장애인의 취업률을 떨어뜨리는 이유는 무엇입니까?

현명한 답 발달장애인 작업장만 예외를 인정하면 형평성에 어긋납니다.

어리석은 질문 대한민국 보호작업장의 대부분은 발달장애인 작업장인데, 오히려 발달장애인이 불이익을 당하는 게 아닌지요?

현명한 답변 다른 장애인도 일할 수 있어야 합니다.

어리석은 질문 만약 다른 유형의 장애인이 최저임금을 받지 못하면서도 꼭 발달장애인 작업장에서 일하고 싶고 고용주도 필요하다고 하면 그때 시설을 설치하면 되지 않나요?

현명한 답변 현재 근무자가 나이 들어 활동이 어렵고 불의의 사고로 복합장애가 생길 때를 대비해야 합니다.

발생하지도 않은 일을 왜 미리 걱정합니까? 다만 휠체어를 탈 때까지 일할 수 있기를, 복합장애가 생기지 않기를 기도할 뿐입니다. 장애별 편의시설을 다르게 하면 어떤 불이익이 생기는지 다시 어리석은 질문을 해봅니다.

강남구의회 정책간담회

2023년 4월 10일 사단법인 밀알천사는 자폐성 장애인의 더 나은 삶을 위해 강남구의회 정책간담회를 개최했습니다. 자폐성 장애인 부모, 구의회 의장님과 구의원, 강남구 담당 부서장, 강남구 보건소 관련 부서장들이 간담회에 참석했습니다.

주요 내용은 학업을 마친 중증 자폐성 장애인의 진로 문제였습니다. 어머니 세 분이 눈물을 삼키며 힘든 현실을 발표해 주었습니다. 구의회에서는 예산을 최우선 배정하겠다고 했습니다. 물론 저희도 단시간 내 해결되리라 생각하지는 않습니다. 그러나 시간이 걸리더라도 잊지 마시고 하나하나 꼼꼼하게 챙겨서 해결해 주기를 간곡히 부탁드렸습니다. 지자체에서 처음 갖는 부모와 관련 부서의 직접 대화였는데, 모두 반응이 좋았습니다. 앞으로도 만남의 기회가 자주 마련되어 합리적으로 풀어갈 수 있기를 기대해 봅니다.

정책간담회에서 중증 자폐성 장애인 부모들이 발표한 '우리 아이들에게 필요한 14가지 사항' 중 우선순위 다섯 가지를 선택해 보았습니다.

1. 부모 사후의 시설

부모가 자녀 곁에 없을 때, 우리 아이들이 살아갈 수 있는 시설이 필요합니다. 요즘은 탈(脫)시설이 대세라지만, 중증 자폐성 장애인은 혼자 사는 게 불가능합니다. 그래서 이런 제안을 해봅니다. 치매 어르신들의 요양시설을 같이 이용하는 건 어떨지요?

2. 직계가족 돌봄의 대체 방안

활동지도사들이 기피하는 중증 자폐성 장애인, 특별히 덩치가 크고 힘이 센 청장년 장애인은 대부분의 활동지도사인 중년여성이나 연로한 남성이 감당할 수가 없어 직계가족이 돌볼 수밖에 없습니다. 이를 대체할 지속 가능한 대책이 필요합니다.

3. 장기적 안목의 치료와 보호시설

폭력성이나 자해가 심한 경우 장기적 안목의 치료와 보호시설이 필요합니다. 지금은 대개 정신병원에서 치료하고 보호받고 있지만, 3년 주기로 입퇴원을 할 수밖에 없고 받아주는 병원도 거의 없는 실정입니다.

자폐성 장애와 정신병은 치료 방법이나 수용 방식도 다를 수밖에 없는데, 현재는 아무런 대안이 없습니다. 가족의 삶은 피폐해질 수밖에 없습니다.

4. 전문병원 및 치과병원의 필요성

일반 의료기관에서는 중증 자폐성 장애인의 치료가 어렵기도 하고, 내원 자체를 기피하는 경우가 많습니다. 목에 걸린 가시를 빼려 해도 전신마취를 할 수 있는 병원에 가라고 합니다. 발치할 때도 전신마취를 해야 합니다. 내시경, X선 촬영, CT 촬영도 모두 어렵습니다. 긴급상황에 대처하기도 힘듭니다. 치과는 서울대병원과 서울시립 장애인 치과가 있지만, 치료 대기만 3~6개월이 소요됩니다.

5. 지속적인 보호센터나 작업장 설립

계속 다닐 수 있는 보호센터나 작업장이 필요합니다. 현재는 시설 수에 비해 이용을 원하는 인원이 많아 대개 3년 주기로 옮길 수밖에 없는 형편입니다. 중증장애인들이 이용할 보호센터나 작업장의 신규 설립을 가로막는 각종 법규의 철폐와 완화가 시급합니다. 이를 통해 지자체나 종교단체 주도의 대형 시설과 병행해, 개인 자격으로도 장애별 중소 시설 설립을 용이하게 해야 합니다. 중증 자폐성 장애인은 소수지만, 개인뿐 아니라 가족이 인간다운 삶을 살아갈 수 있도록 정책결정자들의 깊은 이해와 도움이 절실히 요구됩니다.

선택과 집중이 필요하다

2023년 10월 4일자 중앙일보에 실린 비극적 기사의 제목입

강남구의회와 자폐성 장애인 부모가 만난 정책간담회

Part 2 문제 삼지 않으면 아무것도 달라지지 않는다니다.

추석에도 발달장애 가족 비극 … 16% '극단 선택 고민'

보호자의 나이가 많을수록 우울증 의심 수치가 높고 장애자녀의 돌봄 시간이 길다고 나왔습니다. 국회 보건복지위원회 소속의 어느 의원은 "국가가 발달장애인에 대한 돌봄 부담을 가족에게만 전가한다"고 했지만, 유사한 사건이 일어날 때마다 반복되는 동일한 내용의 면피성 발언일 뿐입니다. 정작 중요한 대책, 즉 어떻게 해야 돌봄 부담을 줄여줄 수 있는지에 대한 내용은 빠져 있습니다.

2022년 10월 9일 JTBC 뉴스 내용입니다.

"자폐인 평균 23.8세 사망, 사고사 비중 41% … 이유는"
- 최근 5년간 자폐성 장애인의 사망 원인으로 자살이나 사고사 비율이 41%
- 자폐성 장애인과 함께 발달장애인으로 분류되는 지적 장애인의 사고사 비율 10.4%의 4배

- 사망 시 평균연령

  자폐 장애 23.8세

  지적 장애 56.3세

  청각·시각 장애 70~80세

- 특수학교는 너무 적다 보니 들어가는 것도 쉽지 않지만 먼 거리를 오가야 함

- 학령기를 지나 성인이 되면 취업한 28%를 제외하고 사실상 24시간 돌봄은 가족의 몫

- 우리나라 등록 자폐성 장애인 3만 3천 명

  주간활동서비스가 늘고 있지만 이용 대상자는 전체 자폐장애인의 평균 약 3%

추가로 정책적 문제점을 지적해 봅니다.

1. 장애인 등급제도 폐지
- 2019년 7월부터 1~6급 장애인 제도 폐지
- 장애 정도가 심한 장애인과 그렇지 않은 장애인으로 단순화

- 장애인 복지 예산이 대폭 증가하지 않는 한 하향 평준화가 될 수밖에 없음

2. 발달장애 분류에 자폐성 장애와 지적 장애 포함
- 발달장애 분류에 장애 특성이 전혀 다른 자폐성 장애와 지적 장애를 포함하는 것도 중증 상태가 심한 자폐성 장애인에 대한 관리의 어려움을 가져옴

3. 사고사 비율 41%에 자살이 포함된 건 이해하기 어려움
- 자폐성 장애인은 대부분 자기 판단력이 부족하기 때문
- 자폐성 장애인을 치료할 의료시설의 절대 부족, 일부 의료시설의 자폐성 장애인의 회피가 문제

4. 통합교육의 문제점
- 교사나 시설의 준비 없는 통합교육은 자폐성 장애인을 방치하게 만듦

5. 시설 폐지
- 자기 판단력이 없는 자폐성 장애인의 경우 부모 사후 살아갈 방법이 막막함
- 대안 없이 모든 장애인 시설 폐지는 재고해야 함

6. 보호작업장 설립 문제점
- 자폐성 장애인 보호작업장 설립에 지체, 시각, 청각 장애인 시설, 노약자 시설 설치까지 법적 의무사항임
- 국내 보호작업장 대부분이 발달장애인으로 구성
- 장애별 설치 기준을 만들어 자폐성 장애인을 보호하고 재활할 수 있게 해야 함

7. 자폐성 장애인 가족 문제
- 24시간 돌봄은 가족의 정신적 피폐와 경제적 문제를 야기하며 극단적 선택의 원인이 되기도 함
- 자폐성 장애인이 가족과 같이 있는 시간을 줄여주는 주간보호 시설이나 보호작업장 등을 대폭 늘려야 함

직업재활 시설 운영의 문제점도 짚어보겠습니다. 직업재활 시설은 직원배치 기준에 따라 지자체의 지원을 받습니다. 장애인복지법 시행규칙 제386호(2015. 12. 31)에 따라 직업훈련 교사는 이용 장애인 10명당 1명, 사무원은 시설당 1명, 생산 및 판매관리 기사는 근로 장애인 20명당 1명을 지원받습니다.

보건복지부 기준은 장애의 정도가 심한 장애인이면서 1개월 동안의 소정 근로시간이 60시간 이상인 근로 장애인의 고용은 그 인원의 2배 고용으로 본다고 규정되어 있으나, 지자체는 20명당 1명만 고수하고 있습니다. 래그랜느의 경우 3명의 지원 인원을 제외하고 제빵기술자 2명, 이용 장애인 11명으로 구성되어 있습니다. 모두 중증 자폐성 장애인입니다. 그래서 인건비 비중이 큰 편입니다. 보건복지부의 기준대로 2배의 고용으로 보고 생산 및 판매관리 기사의 지원이 절실히 필요합니다.

저도 나이가 일흔이 넘었고 아들도 마흔을 훌쩍 넘겼습니다. 아들의 미래에 대한 불안감은 점점 커지고 있습니다. 물론 정부가 모든 것을 다 해줄 수는 없을 겁니다. 발달장애인 부모도 선택과 집중을 할 필요가 있고, 선택된 사항을 집중적으로 정부에 요구할 필요가 있습니다.

발달장애인은 백 명이면 백 가지의 각각 다른 장애 특성을 갖고 있기 때문에, 통일된 요구사항을 제시하기는 어렵다고 생각합니다. 그래서 가장 공통적인 요구사항 몇 가지를 요약해 보았습니다.

1. 부모가 돌볼 수 없을 때 돌볼 수 있는 시설
2. 폭력성이나 자해성이 있거나 의사소통이 불가능한 발달장애인을 위한 전문 의료시설
3. 최소한 하루 6시간 이상 일할 수 있는 일터나 보호시설

발달장애인 수는 매년 증가 추세인데, 그들이 일할 수 있는 일터나 보호시설은 답보 상태이고, 요즘은 종교단체마저 관심이 멀어지는 듯합니다. 부모의 돌봄 시간이 늘어날 수밖에 없습니다. 장애인과 비장애인의 차별뿐 아니라 다수 장애인과 발달장애인 같은 소수 장애인의 차별도, 장애등급 폐지에 따른 중증장애인에 대한 차별도 문제가 됩니다.

대부분의 정책과 예산 편성은 다수 장애인 위주로 세워지는 듯 보입니다. 누구나 나이가 들고 늙어갑니다. 발달장애 자녀의

현재뿐 아니라 미래를 생각해 볼 필요가 있기에 선택과 집중이 절실히 필요합니다. 저도 다시 시작한다는 마음자세로 최선을 다해 발달장애 부모가 조금이라도 인간다운 삶을 누릴 수 있도록 노력하겠습니다.

달걀로 바위 치기

2024년 1월 23일, 대통령실 보건복지 비서관실을 방문, 여러 가지 중증 자폐장애인 문제에 관한 의견을 나누었습니다. 보건복지부에서도 관계 부서 직원들이 참석했습니다. 자녀의 미래, 그리고 부모의 과도한 돌봄 시간을 줄일 수 있는지에 대해 주로 의견을 나누었습니다. 하루아침에 실현되거나 개선될 수는 없겠지만, 정부에서도 계속해서 관심을 갖고 꾸준히 노력하겠다는 답변을 들었습니다. 현재 정부에서 추진 중인 사업을 공유해 주기로 했고, 규제 완화나 개선사항은 시간을 두고 검토하겠다고 했습니다.

저도 참 많이 돌아다니는 것 같습니다. 지자체, 국회, 대통령실 등 우리 아이들과 관련된 기관은 안 가본 곳이 없습니다. 누구는

대통령실 보건복지 비서관실 방문

"달걀로 바위 치기"라 하고, 누구는 "낙숫물이 바위를 뚫는다"고 합니다.

다소 무모하지만 저는 낙숫물이 되고 싶습니다. 계속 더 많이 두드려서 바위를 뚫고야 말 것입니다. 제 무모함이 진정 힘들게 살아가는 중증 자폐장애인 가족에게 낙숫물이 될 거라는 소망을 심어 드리고 싶습니다.

점점 더 어려워지는 현실

2024년 1월 27일부터 상시 근로자 수 5인 이상의 모든 기업에 적용되는 '중대재해처벌법'이 공포되었습니다. 작업장(현장)에서 중대한 산업재해가 발생한 경우, 이에 이르게 한 사업주 또는 경영책임자에게 책임을 묻는다는 것입니다.

장애인 보호작업장은 법적으로 10인 이상을 고용해야 합니다. 당연히 중대재해처벌법이 적용됩니다. 그러나 영리 목적이 아닌 장애인 고용 및 보호가 목적이기 때문에, 자비로 안전보건 인력이나 예산 배정이 불가능합니다. 고용인 대부분이 장애인이기에 비장애인에 비해 안전보건에 대한 관리와 대처 수준이 현저하게 떨어집니다. 보호작업장뿐 아니라 주간보호센터와 종합복지관도 비슷한 형편일 것입니다.

처벌 대상이 법인대표인지 시설장인지, 위탁시설의 경우에는 위탁시설 주체인 지자체인지 위탁법인인지 또는 각 시설장인지도 명확하지 않습니다. 특수 상황의 복지시설에 대한 여건은 감안하지 않고 법안부터 실행하는 것으로 보여 졸속 집행의 후유증이 생길 거라는 우려도 있습니다. 고용노동부, 보건복지부, 지자체에서는 명확한 세부 실행안에 대한 설정은 물론이고 사전에 철저한 지도가 필요합니다.

2024년 2월 1일자 중앙일보 기사를 요약해 보았습니다.

- 복지관도 부익부 빈익빈, 규모가 큰 곳에 기부금 97% 쏠림
- 복지 수요는 늘었지만 정기후원 감소
- 양극화에 지역복지 질 갈수록 하락

후원도 부익부 빈익빈인가 봅니다. 사단법인 밀알천사는 착한 기부자들의 후원금으로 운영되고 있습니다. 그나마 요즘은 정기 후원자가 줄고 있습니다. 그동안 정부 각 부처의 수많은 공모에 신청했지만, 제가 부족해서인지 초창기 단 한 번 후원받는 데 그치고 말았습니다. 그래도 우리는 남들이 하지 않는 여러 가지 사업을 묵묵히 수행하고 있습니다.

많은 후원금이 몰리고 있지만 사후 관리조차 제대로 받지 않고, 무슨 일을 하는지도 명확하게 드러나지 않는 정치색이 짙은 법인들을 보면 화가 치밀어 오르기도 하지만, 우리는 발달장애인을 위한 우리의 길을 성실하게 가려고 합니다. 경제가 그렇듯 복

지도 다수의 소규모 기관과 소수의 대규모 기관이 조화를 이루며 서로 자극이 되어 발전해 가는 것이 바람직합니다. 고인 물은 썩기 마련입니다. 물이 흘러가야 하듯 복지도 흘러가야 하고 공평해야 한다고 생각합니다.

이상한 장애인 보호구역

래그랜느는 중증 자폐성 장애인이 일하는 일터로, 설립부터 현재까지 같은 자리에서 15년간 운영되고 있습니다. 지자체나 대형 복지재단 소속의 장애인 시설은 시설이 들어서면서 장애인 보호구역이 설치됩니다. 래그랜느는 작은 장애인 시설입니다. 그동안 오랜 기간 보호구역 없이 위험에 노출되어 있었습니다. 저희가 '장애인 보호구역' 설정을 신청한 지 1년 반이 지나서야 도로 표면(페이브먼트)에 '장애인 보호구역'이라는 페인트 글씨가 표시되었습니다.

일반적으로 장애인 보호구역은 도로 면이 붉고, '속도제한' 표시와 더불어 CCTV가 설치되고, '주차금지' 표시도 병행됩니다. 그게 정상입니다. 그런데 이면도로에는 이를 모두 갖추기가 어렵다고 합니다. 대개 사고는 대로변보다 이면도로나 간선도로에서 더 많이 발생하는데 말입니다.

래그랜느가 위치한 이면도로는 차량 통행이 많습니다. 직원의 안전이 우려되어 지자체에 장애인 보호구역 설정을 신청한 지 2년 가까이 지나 드디어 장애인 보호구역이 설치되나 했습니다. 그런데 이면도로 한쪽에만 장애인 보호구역이라고 도로에 표시했고, 반대쪽에는 아무런 표시가 없어 지자체에 문의했더니, 주민들이 반대해 표시를 못했다며 기다려 달라고 합니다. 그런데 그런 지도 벌써 반년이 지났습니다.

장애인 보호구역 설치도 주민의 허락을 받아야 하는가 봅니다. 지자체는 이 일에 아예 손을 놓고 있는 것 같습니다. 도무지 이해되지 않습니다. 님비현상인지 아니면 주민들의 눈치를 살피는 공무원들의 책임 회피인지 잘 모르겠습니다. 여하튼 이것이 대한민국 최고 부자 지자체인 강남구의 수준입니다.

이러한 사실을 국가인권위원회에 민원 접수한 결과, 인권위에서 현장조사를 나와 지자체와 회의했습니다. 사유재산도 아닌 집 앞 도로에 '장애인' 글자를 절대 허용할 수 없다는 민원은 악성민원이고 이해가 안 된다는 것이 인권위의 판단이었습니다. 정당

현장조사를 나온 인권위와 지자체 간의 회의

한 공무집행을 방해하는 것이니 공권력을 동원해야 하지 않겠느냐는 질문에 지자체의 답변이 모두를 경악케 했습니다. 지자체가 지정한 업체의 작업은 공무집행이 아니므로 공무집행 방해에 해당되지 않는다는 이상한 법 적용도 있음을 처음으로 알게 되었습니다.

 인권위도 장애인 보호를 위해 꼭 설치해야 하고, 악성민원에 굴복해서는 안 된다고 했지만, 지자체에서는 강제 집행은 불가능하다며 꿈쩍도 하지 않았습니다. 결국 인권위의 지자체에 대한

한쪽에만 표시된 장애인 보호구역

악성민원 구역에는 종점 기점만 표시

Part 2 문제 삼지 않으면 아무것도 달라지지 않는다

권고도 악성민원의 벽을 넘지 못했습니다. 얼마 전 한쪽에만 '장애인 보호구역 종점 기점'이 표시되었고, 악성민원 구역에는 '종점 기점'만 표시된 채 마무리되었습니다. 대안으로 래그랜느 주차장 입구 좌우 바로 옆에 황색선을 그어놓고 '30'이라는 숫자를 써놓았습니다. 래그랜느가 설립된 후 15년만에 설치된 이상한 장애인 보호구역입니다.

Chapter 2
사회는 왜 불편한 시선을 멈추지 않을까?

다시 들려오는 발달장애 가족의 극단적 선택 소식,
희망이 보이지 않기 때문입니다.
장애인 중 발달장애인이 차지하는 비율은 작지만,
스스로 의사표현을 하지 못하기에 자립이 어렵고 부모가 보살필 수밖에 없습니다.

희망이 보이지 않을 때

가끔 언론단체의 연락을 받습니다. 발달장애인에 대해 보도하려고 하는데, 인터뷰할 수 있는 발달장애인을 소개해 달랍니다. 제 주변에 인터뷰 가능한 발달장애인이 없다고 딱 잘라 거절할 수밖에 없습니다. 덧붙여서 정말 발달장애인에 대해 보도하고 싶으면, 대화가 안 되고 혼자 살아가기 어려운 발달장애인과 그 가족을 취재해 보라고 권합니다. 그러면 지나치게 무거운 주제는 시청자가 외면하기 때문에 곤란하다는 답변이 돌아옵니다. 그러고는 다시 연락이 없습니다. 결국 방송에는 대화가 가능하고 스스로 생활이 가능한 분들이 출연합니다. 그러면 시청자는 발달장애인 대부분이 스스로 생활이 가능하고, 제각기 독특한 재능이 있는 '서번트 증후군'을 갖고 있다고 착각하게 됩니다.

제가 아는 발달장애인 가정이 있습니다. 집안에는 가구가 없습니다. 수시로 던지고 부수기 때문입니다. 보호센터에 잠시 맡기려 해도 보호자를 동반해야만 받아주겠다고 합니다. 그래서 부모와 함께 집에 있을 수밖에 없습니다. 단순히 의원 진료를 받으려 해도 종합병원으로 가보라고 합니다. 도대체 어떻게 살아가야 하나요?

이상한 변호사 우영우

"제 이름은 똑바로 읽어도, 거꾸로 읽어도 '우영우'입니다." 자폐성 변호사의 자기소개서입니다. 얼마 전 케이블 채널에서 소개된 드라마 "이상한 변호사 우영우"가 큰 이슈가 되었습니다. 자폐성 장애인의 영역이 마라톤, 수영 등 체육에서 미술, 피아노 등 예술 분야로 발전하다 드디어 변호사까지 뻗어나갔습니다. 바라건데 '이상한 보건복지부 장관 ㅇㅇㅇ'이나 '이상한 국회의원 ㅇ

드라마 "이상한 변호사 우영우"

○○'도 나오기를 기대합니다. 그래서 자폐성 장애인에 대한 차별과 규제를 파헤치고 고치고 개혁해 나가는 영웅이 탄생했으면 합니다.

"뇌 손상을 입은 사람 중 극소수가 특정 분야에서 일반인보다 매우 뛰어난 능력을 보이는 증상"이 서번트 증후군입니다. 극소수가 보이는 증상이지만, 많은 사람이 대부분의 자폐성 장애인에게 서번트 증후군이 있다고 있다고 오해합니다. 그러나 그런 경우는 매우 드물고, 대부분의 자폐성 장애인은 자신만의 틀에 갇혀 살면서 타인과 소통이 어렵습니다. 말을 못하거나 경기, 지적장애 등 복합장애가 있거나 심한 자해와 폭력성을 보이기도 합니다.

2022년 7월 19일자 조선일보는 "현실에 없는 우영우, 자꾸 깨무는 185cm 아이의 엄마는 8년째 우울증 약을 먹는다"라는 제목으로, 아주 특별한 경우를 드라마로 만들어 일반인의 오해를 사고 있다고 지적합니다. 며칠 뒤에는 "낮 돌봄 대기 13년째, 그래도 기약이 없다"는 제목으로 다시 한번 주의를 환기시킵니다.

실제로 신문기사보다 더 힘든 자폐성 장애인과 가족이 제 주변에는 많습니다. 평생 소원이 '엄마'라는 말을 듣는 거라는 어머니, 덩치 큰 아들에게 매 맞고 도망가는 아버지와 어머니, 가족이 모두 잠든 한밤중에 냉동실에서 냉동된 생고기를 꺼내 먹는 자녀, 집안에 살림살이가 전혀 없는 가정, 병원에서도 진료를 꺼리는 자폐성 장애인…. 이제는 정부나 방송매체도 선거 때 얻을 표의 수나 흥미보다도 현실을 제대로 보아주었으면 합니다.

2023년 통계에 따르면, 장애인 등록수는 260만 명 정도로 전체 인구의 5% 정도입니다. 지체 장애인이 115만 명으로 전체 장애인의 44%를 차지하며 가장 많습니다. 지적장애와 자폐장애인으로 구성된 발달장애인은 23만 명으로 9% 정도이나, 그중 자폐장애인은 4만 2천 명으로 전체 장애인의 1.6%로 제일 적습니다. 등록된 자폐인이 4만 2천 명이고, 중증자폐인은 그중 절반 정도로 추측됩니다. 정말 2만 명 정도를 돌볼 여유가 없는 걸까요?

장애인 정책은 다수인 지체장애인 위주로 세워질 수밖에 없습니다. 그러나 취약 계층 지원이라는 면에서 자폐장애인을 간과해서는 안 됩니다. 중증 자폐장애인은 특성상 의사표현을 못합니다. 그래서 혼자 살아갈 수 없습니다. 주택 지원도, 24시간 돌봄도, 의료 지원도 필요합니다. 취약 계층의 어려움이 해결되고 장애인에 대한 편견 및 님비현상이 해소되어야 진정한 선진국이 될 수 있습니다.

아들과 함께 살아온 40여 년의 세월을 뒤돌아보면 과도한 돌봄 시간과 병원 진료의 어려움, 희망 없는 미래가 가장 힘들었습니다. 과도한 돌봄 시간은 생업을 포기하게 만들고, 가족 간의 단절과 경제적 어려움, 정신적 고통까지 가중시킵니다. 미래에 대한 희망도 사라지면서 극단적 선택으로 내몰리는 경우까지 생깁니다.

제 세대에는 자식과 부모의 나이 차가 30세 정도지만, 요즘 세대는 40세 정도로 늘어나는 추세입니다. 장애자녀가 40세가 되면 부모 나이는 80세가 되어 현실적으로 자녀를 돌볼 수가 없습니다. 저는 아내의 과도한 돌봄 시간을 조금이라도 줄여주기 위해, 30년 전부터 아들과 그 친구들을 데리고 매주 토요일 근교 산에 올랐습니다. 학교 졸업 후 갈 곳 없는 아들 때문에 작업장도 직접 만들었습니다. 자폐장애인 부모는 일정 시간을 분리해 주어야 합니다. 그 시간은 길수록 좋습니다. 그래야 정해진 시간만큼이라도 쉴 수 있습니다.

영원히 늙지 않는 피터팬과 그 아버지

아들 범선이가 어떤 유혹에도 넘어가지 않는다는 불혹의 나이를 훌쩍 넘겼습니다. 동갑 나이의 유명인들이 많습니다. 야구선수 이대호와 추신수, 코미디언 문세윤과 조세호, 영화배우 이시언, 현빈, 가수 비 등. 아들 또래의 비장애인 중 운동선수는 은퇴했고, 연예인은 자신의 분야에서 정상의 위치에, 직장인은 중견

사원의 위치에 있을 겁니다. 그런데 우리 아들은 만년 대리 직책으로 래그랜느에서 열심히 일하고 있습니다.

출석하는 교회가 젊은이들이 많은 교회라 큰형님 위치에 있지만, 다른 성도들이 다가오기도 다가가기도 어렵습니다. 집에서는 아직도 귀여운 아들입니다. 휴일이면 아버지가 게으름을 피울까 봐 이른 아침 모시고 나가고, 아버지가 심심해하실까 봐 사진을 찍으시라고 포즈도 직접 취해 줍니다. 조카들이 집에 오면 먼저 식사하고 조카들에게 자리를 양보하는 등 배려도 합니다. 사회적 지위가 높아지면 내려와야 하지만, 더 이상 내려갈 수 없고 올라갈 길은 많은 행복한 자리에 있습니다.

그뿐 아닙니다. 음식의 유혹 외에는 어떤 유혹에도 흔들리지 않는 불혹의 삶을 이미 살고 있습니다. 재물의 유혹, 이성의 유혹, 명예의 유혹 등 어떤 유혹 앞에서도 흔들린 적이 없습니다. 아들은 남들이 알아주지 않아도 그동안 많은 족적을 남겼습니다. 무엇보다도 아버지의 삶을 바꾸어주었습니다. 30년간 산행의 개척자로, 우리도 할 수 있다는 연주자로, 무엇보다 일자리의 중요성을 알렸습니다. 앞으로도 새로운 일들을 열어가리라 확신합니다.

아버지를 위해 포즈 잡는 아들

아들의 생일파티를 휴가 중에 포천 농장에서 조용히 열었습니다. 더운 날씨에 땀 흘리며 아로니아를 수확하고, 아로니아 청과 식초까지 만드는 수고도 마다하지 않았습니다.

휴가 후 출근 첫날, 래그랜느 동료들과 중국음식으로 점심식사를 하고, 초코파이에 초를 꽂아 생일축하 파티를 했습니다. "아들 생일 축하해! 하나님께서 우리 아들을 특별히 사랑하셔서, 자폐성 장애인들의 새로운 길을 개척하는 사명을 주셨다고 믿는다."

한동안 저는 오한과 고열이 나서 죽을 만큼 고생했습니다. 지금까지 이렇게 아픈 적이 없었습니다. 주말이 되니 아들은 늘 하

아로니아를 수확하는 범선

직접 담근 아로니아청

초코파이로 축하하는 아들의 생일파티

던 대로 포천에 가자고 합니다. 아버지가 아팠는지, 고열로 끙끙대며 며칠을 앓았는지 알지 못합니다. 아들의 요청을 박절하게 거절할 수가 없어 함께 농장을 찾았습니다. 거기서 조금이라도 틈을 내서 쉬고 싶었지만 쉴 수 있는 상황이 되지 않았습니다.

토요일 오후에 청계호수를, 주일 이른 아침에는 고석정 둘레길을 걸었습니다. 두 주 만에 산길을 걸었는데 무척 힘들었습니다. 회복이 너무 느린 것인지 회복도 되지 않은 상태에서 무리한 것인지 모르겠습니다. 나이 탓일 수도 있겠네요. 가끔 이렇게 내 나이를 잊고 삽니다.

농장에서 그렇게 시간을 보내고 서울로 이동해 주일예배를 드리고 집으로 돌아왔습니다. 월요일에는 아침운동을 못했습니다.

오한과 고열 후 아들과 나선 운동

대신 아들과 탄천 길로 걸어서 출근했습니다. 개운하게 일어날 만큼 말끔하지는 않았지만, 오늘은 또 오늘의 태양이 뜨겠지요. 아버지는 아프면 안 될 것 같다는 생각이 듭니다. 건강을 잘 유지해야겠습니다. 아들을 위해서라도.

수행비서

아버지는 아들의 전속 수행비서 겸 운전기사가 된 지 오래입니다. 행선지 선택권, 메뉴 선택권을 빼앗긴 지가 언제인 줄도 모를 만큼 오래지만, 다시 되찾고 싶은 생각도 없습니다. 보수도 없는 전속 수행비서와 운전기사를 계속할 수밖에 없을 듯합니다. 그럼에도 아들의 선택이 좋을 때가 많기에 존중해 줄 수밖에 없습니다.

국립박물관을 가자고 새벽부터 독촉합니다. 박물관 개장 시간은 10시. 일찍 도착한 아들과 나는 박물관 주변의 용산가족공원을 걷습니다. 이른 시간임에도 날씨는 후덥지근합니다. 그래도 공원이 한적해서 산책하기에는 최적입니다.

박물관 내부는 관람도 못하고, 오랜만에 인근 현충원을 찾아

용산 국립박물관에서 범선

이곳에 누워계신 아버지를 뵈었습니다. 오후에는 교회에서 주일 예배를 드리고, 마트에서 쇼핑한 후 집으로 돌아왔습니다. 아들이 선택한 메뉴로 저녁식사를 준비했습니다. 오늘은 더우니 메밀막국수를 먹겠다고 메뉴까지 정해서 주문합니다.

TV를 켜도 자기는 보지도 않으면서 지정된 방송국만 선택하고, 에어컨을 작동해도 냉방 기능이 아닌 자신이 선택한 기능을

국립현충원에서 할아버지의 위패를 보고 있는 아들

틀어 놓곤 합니다. 수많은 리모컨을 혼자 독차지합니다. '다투지 말자!' 아들이 시키는 대로, 선택한 대로 순종하는 것이 화평의 삶입니다.

덕분에 게으름을 피울 수 없단다.
덕분에 좋은 곳을 많이 다닐 수 있단다.
덕분에 비가 와도 산길을 걷는단다.
덕분에 매일 해 뜨는 걸 볼 수 있단다.
나이가 들면 만날 사람도 만나 주는 사람도 줄어드는데,

항상 옆에 있어주어 감사하단다.

특별한 근로자가 맞은 장린이의 날

특별한 근로자는 새벽부터 회사 대표에게 차량을 준비하라고 독촉합니다. 회사 대표는 이른바 '노사 화합'을 위해 어쩔 수 없이 이른 아침부터 차를 운전해 포천 농장으로 출발합니다. 인근 청계호수로 모셔 한 바퀴 산책하시는 동안 밀착수행을 하고 기념사진도 찍어드립니다. 산책을 마치고는 마트로 모셔 원하는 간식과 식사를 준비합니다.

농장에 도착하면 회사 대표가 요리한 점심식사를 마치시고, 근로자의 날에는 밭일을 할 수 없다며 서울(집)로 돌아가자고 지시하십니다. 특별한 근로자님, 대표도 좀 쉬면 안 될까요? '대표의 날'도 제정되면 좋겠습니다.

며칠 지나니 또 어린이날입니다. 장년인데 어린이 같은 우리 아들. 장애가 없었으면 자녀와 함께 어린이날을 보냈을 나이. 장린이는 어린이날을 포천 농장보다는 서울에서 보내고 싶어합니다. 아침 일찍부터 농장 일을 정리하고 서울로 이동, 본인이 가고 싶다는 올림픽공원을 찾아서 인증샷을 찍었습니다. 오후에는 어머니도 동행해 석촌호수를 돌아보고, 서점에 들러 책을 한 권 산 후 아들이 좋아하는 피자로 저녁식사를 마쳤습니다.

비가 내리는 주일 아침, 본인이 지정한 양평 '물의 정원'에서 '비오는 날 수채화'를 그려보고 자기가 좋아하는 딸기 셰이크를 맛봅니다. 이 집은 방문한 지 꽤 된 것 같은데 주인이 첫 손님인 우리 부자를 알아봅니다. 오랜만에 오셨다며 딸기잼 샌드위치를 서비스로 주시네요. 이러다간 전국적 유명인사가 될 수도 있겠습니다.

주일예배 설교 말씀에서 "기도 응답이 안 될 때가 언제인가?"

어린이날 석촌호수 근처 서점 방문, 주일예배에도 참석

라는 말씀을 들었습니다. 제 경우는 어린이에서 청린이를 거쳐 장린이가 될 때까지, 아들이 장애에서 벗어나길 기도했습니다. 아직까지 기도 응답은 받지 못했습니다. 그러나 언제부터인가 하나님은 제가 원하는 것을 주시기보다 하나님의 계획대로 인도하신다는 걸 알게 되었습니다. 목사님도 같은 말씀을 전해 주시더군요. 하나님의 뜻을 깨닫고 순종하며 감사함으로 살아갈 수 있기를 기도합니다.

아버지의 눈물

제 이야기는 아닙니다. 칠십이 넘은 아버지는 마흔이 넘은 아들과 온종일 같이 생활할 수밖에 없습니다. 어느 날 아들을 운동시키다가 졸도했고, 즉시 병원에 입원해 온갖 검사를 받았습니다. 누군가는 직계가족의 돌봄 수당 수령을 비판하지만, 그들이 진정 원하는 건 수당이 아닙니다. 아들을 돌봐줄 수 있는 시스템입니다. 쉴 수 있기를 원하는 겁니다

그러나 중증장애인은 누구도 돌보려 하지 않습니다. 직계가족이 돌볼 수밖에 없습니다. 직계가족이 돌봐도 60시간만 인정됩

니다. 중증장애인은 180시간까지 허용되는데 그 시간의 1/3입니다. 직계가족은 하루 24시간을 돌봐야 합니다. 남들이 자는 시간에도 잠을 잘 수 없을 때가 많습니다. 그나마 부모가 활동 가능할 때까지는 돌볼 수 있지만, 그 후에는 누가 돌봐줄 수 있을까요?

천만 영화 "국제시장"의 마지막 장면에 노년의 주인공이 흐느끼며 말합니다. "아버지, 그만하면 내 잘 살았지요. 근데 내 진짜 힘들었거든요."

사단법인 밀알천사에 다용도실을 만들고, 첫 아버지 모임으로 모였습니다. 어디서도 말할 수 없었던 마음 아픈 이야기들이 나옵니다. 이웃집에서 내 아이 때문에 피해가 크다고 손해배상을 청구하고, 영화관에서는 떠드는 아이를 제지했다고 합니다. 화장실 문을 열어본다고 경찰에 신고하고, 경찰이 출동하면 우리는 아이의 상태를 설명하고 사정할 수밖에 없습니다.

활동지도사가 회피하는 성년 아들과 함께 수영장에 갔다가, 물에 뛰어든다고 다른 사람에게 방해된다는 지적에 아버지는 그 사람들과 다투다 물속에서 실신하고 구급차에 실려 응급실로 갑니다. 남자도 울 수밖에 없습니다. 이제껏 잘 키웠습니다. 그런데

자폐성 장애인 아버지들의 첫 모임

정말 힘들었습니다.

　이런 고백이 영화처럼 해피엔딩으로 끝나면 좋겠지만, 우리에게는 네버엔딩 스토리로 이어집니다. 과도한 돌봄 시간으로 부모도 지쳐가고, 아파도 데려갈 전문병원이 없습니다. 당장은 아무런 해결책이 없습니다. 우리가 힘을 모아서 하나 하나 길을 찾아야 합니다. 우리가 열심히 노력하고 기도하면 주님께서 그분의 때에 이루어주시리라 믿고 살아가렵니다.

　부모 모임을 마친 후 한 분이 누구에게도 해본 적 없고 할 수도 없었던 이야기를 털어놓아 후련하다고 합니다. 하나님이 장애가 있는 아이를 이 세상에 보내실 때 온 세상을 둘러보신다고 합니다. 어디로 보내야 이 아이가 잘 살 수 있는지 보시는 겁니다. 그래서 선택받은 곳이 우리 집이고, 보내진 아이가 바로 내 자식입니다.

그래서 감사하고 그래도 감사했다

추수감사절 예배에서 목사님이 감사했던 일을 정리해 보자고 하셨습니다. 그래서 감사했고 그래도 감사했습니다. 2025년은 자폐성 장애가 있는 아들 그리고 그 친구들과 함께 산행을 시작한 지 30년, 래그랜느 작업장을 만든 지 15년이 됩니다. 네 번째 책을 쓰게 되면 제목을 "그래서 감사하고 그래도 감사한다"로 붙이기로 미리 정했습니다.

> 내가 누려왔던 모든 것들이
> 내가 지나왔던 모든 시간이
> 내가 걸어왔던 모든 순간이
> 당연한 것 아니라 은혜였소

찬양 가사가 마음에서 떠나지 않습니다. 그분을 향해 원망할 때도 많았습니다. 스스로 해보겠다고 방황도 오래 했습니다. 남은 생애 동안 반복할 수도 있겠지만 마지막 순간에는 은혜였다고, 그래서 감사했고 그래도 감사했다고 고백하고 싶습니다.

정희재 작가의 책 『어쩌면 내가 가장 듣고 싶었던 말』의 일부입니다.

당신 참 애썼다
사느라, 살아 내느라
여기까지 오느라 애썼다
부디 당신의 가장 행복한 시절이
아직 오지 않았기를 두 손 모아 빈다

요양원에 계신 어머니와 자주 통화합니다. 매번 잊지 않고 하시는 말씀이 있습니다.

"애비야, 자네도 적은 나이가 아니야. 이젠 일 좀 줄이고 자네 자신부터 챙기게."

30년 넘게 거래한 포르투갈 거래선에게 기존 주문 잔량을 끝

아들과 함께한 가을 환송

으로 거래를 마치겠다고 했습니다. 세대교체가 된 거래선 담당자들은 나이 많은 저와 대화하는 것이나 거래하는 방식을 무척 어려워하는 눈치였습니다. 거래선은 자금 악화에 대금 지불도 계속 지연되더니, 얼마 전 중국 대기업에 인수되었습니다.

이번 출장길에 선물을 한 보따리 가져갔습니다. 거래선에서 일하는 한 명 한 명에게 선물을 나누어주고 오랜 기간 도와주어 감사하다고 인사했습니다. 일반적으로 헤어질 때는 다투기도 한다지만, 우리는 서로 감사를 전하며 다시 만날 기회를 만들자고 진심 어린 덕담을 나누었습니다.

어머니 말씀대로 저도 적은 나이가 아니라는 걸 요즘 절실히 느낍니다. 혼자 24시간 넘는 이동거리도 힘들어지고, 세상은 빨리 변하는데 그 속도를 따라가는 것도 무척 힘이 듭니다. 모든 것이 인터넷으로 가능한 세상으로 바뀌고, 바뀌는 속도와 범위도 점점 빨라지고 확대됩니다.

그래도 많이 서운한 건 숨길 수가 없습니다. 매년 두 차례씩 30년 동안 빠짐없이 방문했던 거래선인데 다시 올 수 있을지는 저도 잘 모르겠습니다. 출장 업무를 마치고 남은 시간, 그동안 다녔던 도시 구석구석을 걸었습니다. 전에는 일하고 잠자고 떠나기 바빴는데, 이제 도시를 알기 시작할 때쯤 되니 헤어진다는 생각이 듭니다. 어머니 말씀대로 순리대로 일이 줄었습니다. 저 자신에게 말해 봅니다. "당신 참 애썼다."

때로는 좌절하기도 실망하기도 했지만, 이 역시 우리를 단련시키시는 주님의 손길이라 믿습니다. 앞으로도 계속 과도한 돌봄 시간의 해소 방안, 졸업 후 진로에 대한 방향 설정, 작업장 규제 개선, 전문 의료시설 확충, 부모 유고 시 스스로 살아갈 수 있는 방법을 모색해 볼 것입니다. 우리의 힘은 나약하고 조직은 아주 작지만, 남이 가지 않는 좁은 문으로 들어가기를 주저하지 않을 것입니다.

우리 가운데 일하시는 하나님께서는 우리가 구하고 생각하는 것보다 훨씬 더 많은 것을 채워 주실 것입니다.

_ 에베소서 3장 20절, 쉬운성경

혼자 하는 말 "여기까지 오느라 애썼다."

Chapter 3
선진국, 함께 살아가는 방법을 고민한다

복지선진국이 장애인을 대하는 태도는 우리와 확연히 다릅니다.
지자체는 도시 개발 초기부터 복지시설 설립을 공표하고,
주민도 반대하기보다 같이 살아갈 방향을 선택합니다.
이것 하나만으로도 장애인 친화적인 정책을 가늠할 수 있습니다.

밀알천사가 나아갈 길

중증 자폐성 아들이 인도해 준 복지의 길, 그러나 세월이 흐를수록 문제점이 더 많이 보입니다. 앞으로 우리는 중증 자폐성 장애인과 그 가족의 어려움이 개선되도록 작으나마 최선을 다해보려 합니다. 떨어지는 물방울이 바위를 뚫듯 노력하고 또 노력하면 조금씩이라도 개선되리라 믿습니다. 우리가 집중하여 개선을 추진하고자 하는 정책 방향은 다음과 같습니다.

1. 직계가족의 과도한 돌봄 시간 해소

- 활동지도사 운영 방법 개선
- 긴급돌봄서비스 확대
- 일자리 확보

2. 의료시설

- 발달장애인 전문 의료시설 설립
- 긴급 상황 시 단기 입원치료 및 보호시설 확충

3. 미래에 대한 불안감 해소

- 탈 시설, 장애등급 폐지 문제의 해결 방안 모색

위의 안건을 정식으로 구축하고 해결하기 위해서는 주변의 많은 관심과 도움이 필요합니다.

돌봄 시간: 부모의 휴식

누구나 성인이 되면 부모 곁을 떠나야 하지만, 나이가 들어갈

수록 부모가 돌볼 수밖에 없는 경우도 있습니다. 바로 자폐성 장애인입니다. 30년 전 잠깐이나마 부모님들이 쉴 수 있는 틈새 휴식을 주기 위해 자폐성 장애인들과 산행을 시작했습니다. 우리는 그들을 '천사'라고 불렀습니다. 그리고 '밀알천사'라는 이름으로 서울시에 사단법인 설립을 신청했습니다.

산에 오르는 게 무슨 대단한 일이라고 사단법인을 신청하느냐고 담당공무원이 말하더군요. 남들이 보기에는 대수롭지 않은 취미생활로 보일지 몰라도, 우리에게는 그것이 정말 '대단한' 일이었습니다. 법인 허가를 받는 데만 수년의 시간이 흘렀습니다.

천사들과 산행을 같이 해준 봉사자들은 황금 같은 주말을 아낌없이 내주었습니다. 그것도 한두 번이 아니라 10년 이상 함께한 분들이 대부분입니다. 우리는 그분들을 '짝꿍'이라고 부릅니다. 그분들은 부모의 어려움을 잘 압니다. 그 당시 어린아이가 이제는 청년이 되었고. 지금도 주말이면 산을 오릅니다.

부모의 돌봄 시간을 줄여야 합니다. 천사들이 나이 들면 부모도 나이가 듭니다. 그렇게 시간이 지나다 보면 어느 날엔가 천사들을 돌볼 수 없을 때가 옵니다. 이것은 개인의 문제를 넘어 국가가 맡아주어야 할 사회적 문제입니다. 그것도 적극적으로 나서주

2024년 8월 마지막 날, 산행의 노고를 즐기는 밀알천사 가족들

어야 합니다.

무척이나 더웠던 2024년 8월 마지막 날도 우리는 온몸을 땀으로 적시며 산에 올랐습니다. 저 개인적으로도 아내가 쉴 수 있

도록 산행을 마친 후 아들과 농장에 들어가 9월 첫날을 맞았습니다. 이곳은 벌써 새벽에는 담요를 덮어야 할 정도로 서늘합니다. 가을은 정해진 계절의 법칙대로 기어이 오고 있습니다. 우리 아이들에게도 좋은 시절이 반드시 오리라 믿습니다.

돌봄 시간: 활동지원사

2007년 '활동보조인' 제도가 도입되면서 장애인 가족의 돌봄 시간이 개선되기 시작했습니다. 2019년에는 명칭이 '활동지원사'로 변경되었습니다. 현재 월간 120시간, 중증장애인의 경우 180시간 사용이 가능하지만, 지자체의 예산 부족을 이유로 제한되는 경우가 대부분입니다. 활동지원사는 18세 이상으로 학력 제한 없이 40시간의 교육을 이수하면 자격이 주어집니다. 그러나 직계가족은 자격이 제한됩니다.

2024년도에 등록된 활동지원사 121,661명 중 여성의 수는 106,113명으로 전체의 87%입니다. 연령대 별로는 50대 44,591명 37%, 60대 46,538명 38%, 70대 7,055명 6%입니다. 50대 이상이 전체의 80%이고, 60대 이상도 44%입니다. 결론적으로 여성화 고령화 된 구조입니다. 2024년도 활동지원사 집행 급여는 약 2조 2천억 원 규모로, 활동지원사 1인당 월 150만 원 정도 지불되었습니다.

여성화 고령화 된 구조로는 중증장애인을 돌보기 어려울 뿐 아니라 그들을 기피할 수밖에 없습니다. 그러니 결국 직계가족이 돌볼 수밖에 없지요. 집행 급여도 젊은 층이 수행하기에는 최저임금 수준도 되지 않는 적은 금액입니다.

2019년 6월 19일, 직계가족에게 활동지원사 자격을 부여하는 중증장애인 개정안이 발의되었으나, 불과 한 달 만인 7월 18일 상정이 보류되었습니다. 코로나 기간 중 한시적으로 허용하다가 연장되어 2026년 10월까지 2년간 추가 연장할 예정이지만, 직계가족은 60시간만 허용합니다. 중증장애인 최대 돌봄 시간의 1/3에 불과한 수준입니다.

활동지원사 연결이 어려운 중증장애인은 지자체에서 책임지고 연결해 주는 게 최선입니다. 연결이 어려울 때는 직계가족의 자격을 인정하고, 돌봄 시간도 중증장애인 기준 180시간까지 늘려야 합니다.

특수교육이나 체육을 전공한 젊은 전공자들이 청장년 중증장애인을 돌볼 수 있도록 활동지원사를 양성하고, 보수의 차등화도 필요합니다. 추가로 소요되는 예산은 부정 수급만 철저히 관리 단속해도 가능할 것입니다.

지난날 복지부 담당자와 통화할 기회가 있었습니다. 중증장애인에 대한 직계가족의 자격 문제를 협의 중이었는데, 직접적인 통계를 제시하라면서 그런 중증장애인은 집이 아닌 시설에 보내면 된다는 말까지 들었습니다. 중증장애인 가족이 극단적 선택을 하게 되는 가장 큰 원인 중 하나가 '과도한 돌봄 시간'에 기인한다는 사실을 명확히 인지해야 합니다.

탈시설에 대한 의견

탈시설은 유엔(UN)에서 권고한 사항이고 세계적 추세인 것은 확실합니다. 2017년 유엔 장애인의 권리에 관한 협약(CRPD)의 자립적 생활과 지역사회의 포용에 관한 일반 논평 5호는 "당사국은 반드시 탈시설화를 위한 전략 및 구체적 행동 계획을 채택하여야 한다"고 발표했으며, 한국 정부도 이를 추진하고 있습니다. 여기서 몇 가지 짚고 넘어가야 할 사항이 있습니다. 자립적 생활이 불가능한 경우와 지역사회 포용이 어려운 경우 어떻게 해야 하는지, 그리고 시설의 정의와 범위를 정해야 합니다.

노령화 시대에 노인복지 시설은 점점 늘어갑니다. 그런데 가족이 돌볼 수 없고 혼자 살 수도 없는 자폐장애인을 위한 시설은 없습니다. 2023년 말 기준, 자폐성 장애인은 42,744명으로 전체 장애인(2,641,896명)의 1.6%입니다. 부모가 돌볼 수 없을 때 그들은 어떻게 살아가야 할까요?

일본에서는 노인 시설과 장애인 시설의 통합 운영을 검토한다고 합니다. 미래에는 인구 감소로 돌봄 인력도 부족할 수밖에 없어 좋은 대안이 될 수도 있습니다. 현재 운영 중인 그룹홈도 좋은 대안이 될 수 있습니다.

미분양 아파트나 빈집을 지자체에서 구입해 운영하는 것도 좋은 방법입니다. 주간에는 일하고, 퇴근해서는 쉴 수 있는 곳과 연계된 시설이 최선이라고 생각합니다. 수용 개념의 시설보다 훨씬 좋습니다. 내년에 시행된다는 지역 돌봄 통합법에 대해 자세한 내용은 알지 못하지만, 여러 취약 계층을 아우르다 보면 다수 취약 계층 위주로 서비스가 전개될 수밖에 없습니다. 요즘에는 장애인 가족도 잘 알지 못하는 서비스가 많습니다. 새로운 법을 만들기 전에 당사자들과 충분한 협의가 있어야 합니다. 선택과 집중이 필요합니다.

최중증 발달장애인 돌봄 서비스는 있으나, 제일 중요한 24시간 돌봄 서비스에는 참여하려는 운영 주체가 없어 시행되지 않고 있습니다. 반면 가장 많이 이용하는 주간 활동 서비스는 예산을 축소하거나 신규 중단하는 사태가 발생했습니다. 형평성이라는 이유로 소수를 희생시켜 평등한 기회를 만들어야 한다는 생각은 버려야 합니다.

부모의 과도한 돌봄 시간을 줄일 수 있는 직업재활 시설 신규 설립 및 이전에 관한 각종 규제 완화와, 활동보조인 배정이 불가능한 중증 자폐성 장애인을 직계가족이 돌볼 수 있도록 관련 법규의 수정이 필요합니다.

복지부가 최중증 발달장애인 24시간 돌봄 서비스를 제시하지만, 중증장애인에게 개인별 주택을 제공하고 24시간 같이 생활하며 돌봐줄 수 있을까요? 치매노인과 중증 자폐성 장애인의 공통점은 직계가족이 돌보기 어렵다는 것입니다. 치매노인 시설은 정부 및 지자체의 지원에 따라 많은 곳에 설립되어 있습니다. 치매노인 시설도 탈시설화해야 하는지요?

과거 형제복지원 같은 인권 사각지대 시설은 반드시 없어져야 하고 세워서도 안 됩니다. 요즘 같은 세상에는 존립할 수도 없을 것입니다. 유럽이나 일본에는 중증장애인이 일하면서 노후를 보내는 시설이 있습니다. 한국 정부도 무조건적인 탈시설 정책에서 벗어나, 부모가 안심하고 맡길 수 있고 중증장애인도 행복한 노후를 보낼 수 있는 시설을 검토해야 합니다. 자식보다 하루 더 살기를 바라는 부모들의 피눈물 나는 호소에 귀 기울여야 합니다.

복지정책이 장애인의 근로의욕을 저해해서는 안 된다

요즘 발달장애인을 위한 복지정책이 많이 나오고 있습니다. 몇 년 전만 해도 작업장은 발달장애인의 부모나 본인에게 선망의 대상이었습니다. 그러나 요즘은 장애인 근로자뿐 아니라 종사자(비장애인 직원)도 구하기가 어려운 형편입니다. 왜 그렇게 되었을까요? 일하면서 적은 임금을 받기보다는, 일정 금액을 지불하더라도 주간보호센터 등에서 다양한 체험하기를 선호하기 때문입니다.

여러 기관이 직업훈련 또는 재활 프로그램을 운영하지만, 정작 취업으로 연결되는 경우는 거의 없습니다. 프로그램이 실무 직업훈련보다는 흥미 위주가 많고, 적극적인 취업 알선보다는 훈련생을 확보해 두려는 경향이 크기 때문입니다. 바우처 등을 이용하면 각 기관의 운영에 도움이 되기 때문에, 적극적인 취업 알선에 나서지 않는 것이 일반적인 경향입니다.

최근에는 부모와 자녀 간의 나이 차이가 점점 늘어나는 추세인데, 자녀가 나이 들어도 일정 시간만 주간보호센터나 복지관을 다니는 게 나을지, 아니면 적은 급여지만 작업장에서 일하면서 혼자 살 수 있는 능력을 키우는 게 좋을지는 곰곰이 생각해 보아야 합니다.

물론 미래에는 더 나은 복지정책이 많이 나올 수도 있겠지만, 장기적으로 볼 때 일할 수 있는 사람은 일할 수 있도록 유도하는 정책을 수립해야 합니다. 자녀가 마흔 살이 될 때 부모는 몇 살일까요? 그때도 자녀를 돌볼 수 있을까요? 장애인 자녀가 스스로 살아갈 수 있는 훈련이 필요합니다.

일본은 발달장애인이 학업을 마친 후의 진로를 정부나 부모가 나서서 취업으로 유도하고 있습니다. 그리고 취업과 연계한 그룹홈을 적극 추진하면서, 부모 없이 독립할 수 있도록 초기부터 훈련시킵니다. 반면 우리나라는 다양한 선택의 길이 있습니다. 그러나 취업보다는 취미활동 위주로 선택합니다.

　어느 방향이 옳을까요? 나이가 들면 일하기 쉽지 않고, 자유로운 생활에서 규칙적이고 조직적인 생활로 변화를 유도하기가 어렵습니다. 우리나라의 직업재활 시설의 신설은 매년 줄어드는 추세입니다. 취업보다 취미생활 위주로 선택하고, 더불어 직업재활 시설 신설이나 이전, 증축, 업종 변경 등에 따른 규제가 너무 많기 때문이기도 합니다. 반면 발달장애인 등록 수는 매년 증가하고 있습니다. 정부는 정책을 수립하고 실행할 방향을 제시해야 합니다.

일본의 복지시설

　전 강남특수학교 김용한 교장선생님과 일본 복지시설을 둘러보고, 국적을 떠나 전문가들과 함께 고민하며 토론할 기회가 있었습니다. 제가 느낀 점 몇 가지를 정리해 보았습니다.

1. 같이 살자

동경에서는 장애인 시설을 곳곳에서 볼 수 있습니다. 지자체는 도시 개발 초기부터 복지시설 설립을 공표하고, 주민들은 반대보다 같이 살아가는 방향을 선택합니다. 장애인 생산품의 대부분을 지역사회에서 책임집니다.

2. 장애인 부모가 원하는 자녀 진로

부모들은 장애자녀의 졸업 후 취업을 우선으로 진로를 선택합니다. 동경에만 200여 곳의 그룹홈이 운영되며, 나이 들어가는 장애자녀에게 초점을 맞춥니다. 일본도 탈시설 정책을 고수하면서 새로운 시설 인가는 어려워졌지만 폐쇄하지 않고, 최중증 장애인의 경우 기존 정원 안에서 운영하되 그룹홈 위주로 재편합니다.

3. 융통성 있는 장애인 정책

우리나라는 장애인 등급을 중증과 경증 2단계로 일반 평등화했지만, 일본은 6단계로 중증장애인에 대한 지원을 강화했습니다. 우리나라는 부모의 재산과 본인의 추가 수입에 따라 장애인

연금을 전혀 못 받거나 금액이 축소되지만, 일본은 장애등급에 따라 지급하고 복지시설과 연계해 그룹홈 등 시설 이용료를 지급함으로 개인 부담을 없애고 있습니다.

장애인 작업장의 편의시설도 유동성 있게 운영하고, HACCP 강제 적용도 실시하고 있지는 않습니다. 제가 방문한 작업장은 한 건물에서 도자기와 여섯 가지 식품류를 생산하지만, HACCP 에 따른 공정별 분리나 모든 장애를 아우르는 편의시설은 찾아볼 수 없었습니다.

어떤 그룹홈은 1층은 노인시설로, 2~3층은 장애인 그룹홈으로 운영되며, 복지시설에 사회복지사만 근무해야 한다는 규정도 없습니다.

4. 의료시설

인구 350만 명의 요코하마 시에는 장애인 치과가 네 군데 있습니다. 개업의사들은 자발적으로 중증장애인 치료를 받아들이고, 이를 명단화해 중증장애인이 쉽게 의료시설을 방문할 수 있습니다. 그러나 우리는 의료 거부 현상에 자주 부딪힙니다. 일본 후생성은 장애인과 노인복지 시설을 같이 운영하는 방법도 검토하고 있습니다.

5. 교육제도

한국의 발달장애인 교육제도는 다른 나라에 비해 월등히 우수한 반면, 졸업 후 진로는 현저히 뒤떨어지는 것으로 보입니다. 우리 자녀들이 교육받는 시간은 20여 년이지만, 혼자 살아가야 하는 시간은 훨씬 깁니다. 우리도 졸업 후의 정책에 좀 더 세심한 배려가 필요합니다.

일본의 발달장애인 거주 시설

일본에는 발달장애인 거주시설로 통근요(通勤寮)가 있습니다. 한국에는 없는 시설입니다. 경증 발달장애인이 거주하며 사회복귀 훈련을 하는 곳입니다. 비용은 각자 부담이며, 거주 기간은 2년, 1회로 제한되어 있습니다. 이곳에서는 경제적 사회적 생활적 정신적 자립 등 사회로 돌아가 자립해 홀로 살 수 있을 정도의 훈련을 받습니다. 가계부 쓰기, 세탁, 청소, 요리 등의 세부 과목이 있습니다.

일본의 통근요 시설

대개는 직업을 가진 후 입소하고, 입소 중 실직할 경우 시설에서 직업도 알선해 줍니다. 입소 연령에 제한은 없으나 주로 20~25세 청년들이 입소합니다. 동경 지자체 23개 중 6개 지자체가 운영하고 있으며, 그중 4곳은 부모연대가 운영합니다.

퇴소 후 통계를 보면 그룹홈이 90%, 사회복귀가 10%입니다. 옥상에 텃밭을 조성해 중증장애인 훈련에 활용하는데, 재배된 작물은 상품성이 떨어져도 지역판매를 합니다.

또 다른 발달장애인 거주 시설로 그룹홈이 있습니다. 1인 1실 3평의 그룹홈은 입소 기간에 제한을 두지 않습니다. 생활비는 장

일본 그룹홈의 내부 시설

일본에서 그룹홈으로 이용하는 아파트

애연금과 연계하여 본인 부담은 없으며, 교사 배정은 일대삼의 비율이되, 중증의 경우 일대일로도 운영됩니다.

빈집을 수리해 30실 이상 규모로 활용하는 경우가 많은데, 동경에서 부모연대가 운영하는 곳이 200곳 이상입니다. 물론 편의

시설 규제가 없으나, 중증장애인을 배려하는 사례가 많이 보입니다.

특이한 것은 기물을 창밖으로 투척하는 행위를 방지하기 위해 철제 커튼이 설치되어 있고, TV 등 가전제품의 파손 방지를 위한 특수 아크릴 장식장이 설치되어 있습니다. 공동 식당과 조리실 사이에 개폐 칸막이도 보였습니다. 중증장애인 탈시설의 대안으로 노인 시설과 복합 운영하는 곳도 있습니다.

일본에서도 더 이상의 신규 시설은 불가하지만, 기존 시설은 폐쇄하지 않습니다. 수용 인원의 유고가 발생할 경우 정원 내에서 중증장애인 추가 입소가 가능합니다.

한국과 일본의 발달장애인 정책 및 시설 비교

제가 질문한 일곱 가지 항목에 대한 일본 측 특수교육 전문가의 답변으로 비교한 한일 간 정책 비교입니다. 제 개인 의견도 포함되었습니다.

1. 학교 졸업 후 진로
- 한국: 자유시간(평생교육센터, 직업훈련 교육센터), 진학
- 일본: 취업

2. 보호작업장 임금 수준
- 한국: 고용계약 최저임금 원칙, 매년 최저임금 제외 대상 심사, 시설에서 부담
- 일본: 노동계약과 임금 제한 없음, 장애인 연금과 연계 최저임금 보장, 정부 부담

* 한국은 부모의 소득수준과 장애인의 추가소득에 따라 연금이 제한되거나 축소되지만, 일본은 장애인 전원에게 등급에 따라 지급

3. 장애인 작업장에 모든 유형의 장애인과 노약자 시설 설치
- 한국: 강제 사항
- 일본: 원칙이지만 장애별 적용

4. 장애인 등급

- 한국: 경증과 중증 2등급 보편 지원
- 일본: 6등급 장애등급별 철저한 차등 지원

5. 전문병원 및 돌발행동(폭력, 자해) 대응 의료시설

- 한국: 없음
- 일본: 지역별 보유

6. 돌봄 시간 단축

- 한국: 다양하나 집중과 선택 필요
- 일본: 노후 대비 노인 시설과 장애인 시설 통합 운영 검토

또 일본의 발달장애인 주요 시설을 둘러본 결과, 다음과 같은 점을 확인할 수 있었습니다. 우리나라와 어떤 점에서 차이가 있는지, 우리가 개선하거나 법규를 신설해야 할 부분은 어느 부분인지 곰곰이 생각해 보아야겠습니다.

1. 작업장

- 동일한 건물 내에서 빵, 과자, 두부, 도시락, 낫또, 과일잼, 국수 등 다양한 식품류와 도자기 생산[도자기 로(爐)를 동일 건물 내에 보유]
- 직원은 6개월마다 각 제품의 생산라인에서 순환근무, HACCP 강제 적용이 없어 생산품목에 대한 제한이 없고 공정별 구분이나 차단벽도 없음
- 보호작업장 형태의 노동계약이 없으나 장애인 연금과 연계해 최저임금은 보장, 노유자 시설 규정이 있지만 강제 조항은 아니고 장애의 종류별로 자율적인 설치 허용
- 건물 1층에 아울렛(Outlet) 형식으로 판매장을 운영, 생산품 외관에 약간의 하자가 있어도 지역 주민과 지자체에서 생산품 대부분을 구매함

2. 그룹홈

- 7개 그룹홈과 연계하여 작업자들이 출퇴근하며 일함

3. 시설의 설립 목적

- 시설의 설립 목적을 처음부터 '지역과 함께'로 내세웠고, 운영비 전체는 중앙 정부와 지자체에서 부담

4. 한국의 현실

- 한 건물 내에서 다양한 식품을 생산하려면 식품별 HACCP 인증을 받아야 하고, 이에 따른 시설을 설치해야 함
- 노유자 시설 강제 적용으로 건물 전체에 대한 노유자 시설 필수 설치
- 모든 직원은 노동계약을 체결, 최저임금을 지급하지 않을 경우 매년 최저임금 제외 심사, 임금은 시설에서 책임져야 함
- 식품을 중증장애인 생산품목으로 지정받아도 기업이나 지자체의 구입은 미미한 수준
- 지역사회의 인식 부족으로 장애인 시설 기피, 생산품 구입이 저조

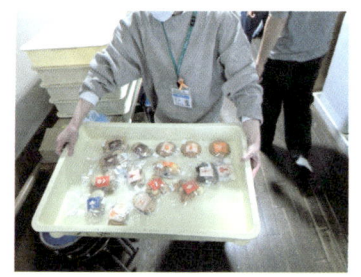

동일한 건물 내에서 빵, 과자, 두부 등 다양한 식품류와 도자기를 생산하는 일본

이처럼 우리나라의 환경이 상대적으로 열악합니다. 단순히 분발하는 차원이 아니라 정부에서는 진정 함께 사는 사회가 될 수 있도록 제도 개선에 주도적으로 힘써야 할 것입니다. 우리도 같이 사는 사회가 될 수 있기를 기도합니다.

Part 3

그래서 감사하고
그래도 감사한다

Chapter 1
천사 가족의 그래도 감사한 이야기

밀알천사 산행을 시작한 지 30년이 흘렀습니다.
그때 귀여웠던 꼬마들이 이젠 청년, 장년이 되었습니다.
한순간도 힘들지 않았던 적이 없습니다.
그러나 지나고 보니 그래도 추억으로 남습니다. 모두 하나님의 은혜입니다.
그래서 감사하고 그래도 감사합니다.

성현이의 행복

_ 권용선(정성현의 어머니)

성현이가 처음 산행을 시작한 때가 언제인지 기억이 어렴풋합니다. 그런데 2004년도 산행 사진에 성현이가 있다고 합니다. 아들이 태어나고 다른 아이들과 다르다는 것을 알고부터, 그 다름이 장애라는 것을 알게 된 후부터 우리 가족의 일상은 성현이 중심으로 돌아갔고, 성현이의 하루하루는 온전히 부모의 몫이었습니다. 치료실은 물론 조금이라도 도움이 될까 해서 어린이박물관, 아쿠아리움, 롯데월드, 어린이대공원 등 연회원권까지 만들어 평일, 주말 가리지 않고 정신없이 다녔습니다.

그러다 밀알천사 산행이 있는 것을 알았습니다. 성현이는 정회원이 아니어서 누군가 결석한 자리에 한 번씩 가곤 했습니다. 장애인 활동 서비스도 없었고 마땅히 프로그램도 많지 않았기에, 매일 아이를 데리고 다니는 일은 쉽지 않았습니다.

어려서는 어디라도 가려고 하면 안 들어간다고 드러누워서 많이 울기도 했습니다. 대중교통을 이용해 데리고 다니기도 쉽지 않아 도로연수 한 번 받지 않고 차를 끌고 나왔습니다. 길 도우미도 없이 지도를 보고 미리 연습한 대로 운전해 치료실에 데리고 다녔습니다. 그때는 치료에 도움이 된다면 가리지 않고 다닐 때였습니다.

밀알천사의 산행은 부모들에게 희망을 주었습니다. 천사들이 산행하는 동안 부모에게 잠깐의 쉼을 준다는 의도로 시작되었지만, 산행이 자폐증 아이들에게 도움이 된다기에 어린 성현이를 데리고 동네 산부터 다니기 시작했습니다. 그러다 감사하게도 밀알천사의 일원이 되었고, 30주년을 맞이한 올해 20여 년을 함께한 그 추억과 역사에 이름을 올리게 되었습니다.

우리 아들은 동물을 사랑합니다. 동물카드를 계속 들여다보다 한글뿐 아니라 영어단어까지 익힐 수 있었습니다. 동물 책, 퍼즐, 동물 영상은 물론 서울대공원에 가면 그 관심은 최고치가 됩니다. 동물을 다 좋아하지만, 시베리아 호랑이를 제일 좋아합니다. 꼼짝하지 않고 호랑이 앞에서 1시간 이상 서서 눈을 떼지 않습니다. 그렇게 동물원 투어는 초등 5학년 때부터 지금까지 계속되고 있습니다. 성현이가 가장 행복한 시간은 시베리아 호랑이를 보고 있는 시간이 아닐까 짐작해 봅니다.

동물원에 가지 않는 날에는 아들은 집에서 "동물의 왕국"을 시청합니다. 어느 날 황제펭귄이 나오는 장면을 보았습니다. 황제펭귄의 육아는 수컷의 몫입니다. 암컷은 알을 낳은 후 수컷에게 알을 맡기고는 먹이를 찾아 바다로 떠납니다. 수컷은 암컷이 돌아오기까지 4개월이 넘는 기간 동안 영하 60도의 강추위와 초속 50m의 눈보라 속에서 알과 갓 태어난 새끼를 돌봐야 합니다. 이 기간에 수컷은 얼음 조각을 깨 먹으며 수분만 섭취할 뿐 아무것도 먹지 못합니다.

공동생활에 익숙한 수컷들은 혹한을 이겨내기 위해 허들링(Huddling)이라는 단체생활을 합니다. 허들링은 황제펭귄들이 한데 모여 서로의 체온을 나누는 방법입니다. 무리 전체가 돌면서 바깥쪽에 서 있는 황제펭귄의 체온이 낮아지면 안쪽에 있는 펭귄과 자리를 바꾸면서 집단의 체온을 계속 유지해 나갑니다.

가로 1m, 세로 1m의 면적에 20마리 정도가 빼곡히 들어가 서로 체온을 나누는 것만 해도 대단한데, 서로 순서를 정해 바람을 막는다는 것은 이들만이 가지고 있는 공동체적 삶의 방식일 것입니다.

만약 혼자 추위를 이겨내겠다고 한다면 얼마 가지 않아 얼어 죽거나 끝까지 새끼를 지켜내지 못할 것입니다. 그러나 온기와 배려가 깃든 연대로 눈보라가 지나가기까지 펭귄들이 다 함께 살아남을 수 있습니다.

밀알천사가 바로 이런 공동체가 아닐까 생각해 봅니다. 긴 시간 추위와 맞서 바람막이가 되어준 공동체! 허허벌판에 덩그러니 혼자였다면 외로움과 추위와 배고픔으로 버텨내지 못했을 것입니다. 산행에 아들만 혼자 보내다가 봉사자가 부족해 봉사자로 동행하게 된 밀알천사 산행은 내게도 위로가 되었습니다. 혼자 오르기에도 벅찬 길을 천사를 데리고 가는 것은 그냥 산행이 아닙니다.

산행에 동행하는 짝꿍 샘들의 헌신을 직접 목격하면서 부모

입장에서 느끼는 감정은 감사와 뭉클함이었습니다. 밀알천사와 함께 오르던 산은 그렇게 봄, 여름, 가을, 겨울마다 다른 색깔을 보여주며 우리에게 괜찮다고 위로를 건넵니다. 잘하고 있다며 파이팅도 외쳐줍니다.

30주년 밀알천사 산행을 돌아보면서, 무엇이 이토록 긴 시간을 이어오는 원동력이 되었을까 생각해 보았습니다. 처음 한 번은 우연한 기회에 참여한 봉사일 수 있지만, 긴 시간 그 길을 걸어왔다면 그것은 봉사를 넘어 가족 같은 마음이 있었기에 가능했을 것입니다.

남 대표님 친구들로 시작된 소그룹 산행에서 30주년을 맞기까지 함께할 수 있다는 것은 축복이고, 누군가의 희생과 배려이고, 위대한 리더십입니다. 산행을 통해 천사들이 행복했으면 좋겠습니다. 그리고 천사와 마주 잡은 짝꿍 샘들의 시간이 헛되지 않았으면 좋겠습니다.

산행하는 동안 부모님들도 여유를 만끽하시기 바랍니다. 처음에는 아이의 장애를 받아들이는 것이 너무 힘들어 울었고, 그다음에는 아이를 보살피는 것이 힘들어 울었습니다. 때로는 언제까지가 될지 몰라 두렵고 힘들기도 했습니다. 지금도 그 고민은 계속되지만, 밀알천사 공동체가 있어 든든합니다. 특별히 지금까지 인도하신 주님의 인도하심과 교회공동체가 있음에 감사합니다. "돈 많이 벌면 뭐 사줄까?"라는 질문에 "꼬깔콘!"이라 답하고 출근하는 아들의 뒷모습이 오늘따라 이쁘게만 보이니 참 감사합니다.

밀알천사의 긴 시간을 함께 만들어온 모든 분과 함께 산행 30주년을 진심으로 축하합니다. 밀알천사 산행 30주년은 분명 많은 결실이 있었다고 믿습니다. 그건 천사들만의 몫은 아닐 것입니다. 매주 천사들을 만나러 달려왔을 누군가의 삶 또한 특별했

천사 정성현 군과 어머니 권용선 님

을 거라 믿고 감사함을 전합니다. 내 정성 또한 작게라도 쓰였을 거라 믿기에 또한 감사합니다.

이 모두를 가능하도록 앞에서 이끌어주신 남기철 대표님을 통해 많이 배웠습니다. 존경과 감사의 마음을 전합니다. 밀알천사 산행이 앞으로도 더 많은 이에게 희망과 성장의 기회가 되고, 배려의 장이 되기를 소원합니다.

함께 걸어온 30년에 대한 감사
_ 김형두(김준환의 아버지/ 법조인)

밀알천사 산행 30주년을 맞이하여, 자폐아의 아버지로서 깊은 감사의 마음을 전합니다. 우리 아들 김준환은 1996년에 태어나 어느덧 성인이 되었고, 밀알천사 산행과 함께한 세월도 20년이 넘었습니다. 매주 토요일마다 산을 오르며 자연을 마주하고, 함께 땀을 흘리며 걸어온 시간이 쌓여 오늘의 준환이가 있습니다.

밀알천사 산행은 단순한 등산이 아닙니다. 우리 아이들이 사랑받으며 세상을 배우고, 체력을 기르고, 하루를 온전히 살아갈 힘을 얻는 소중한 시간입니다.

이 오랜 시간 동안 준환이와 함께 걸어주신 짝꿍 선생님들(특히 정양기 선생님)께 깊이 감사드립니다. 한결같은 사랑과 인내로 준환이의 짝꿍이 되어주신 덕분에, 우리 아이는 산을 오르며 더 넓은 세상을 경험하고, 몸과 마음이 성장할 수 있었습니다. 준환이뿐 아니라 밀알천사 산행을 통해 많은 천사들이 밝은 미소를 짓고, 가족들도 잠시나마 휴식을 얻을 수 있었습니다.

무엇보다 밀알천사 산행이 30년 동안 지속될 수 있도록 헌신하신 남기철 대표님께 깊은 존경과 감사를 전합니다. 대표님의 따뜻한 마음과 변함없는 열정이 있었기에, 수많은 자폐아와 가족이 희망을 얻고 더 나은 삶을 살아갈 수 있었습니다. 단순한 산행이 아니라 사랑과 나눔의 공동체로 밀알천사 산행을 이끌어주신 대표님의 노고에 다시 한번 감사드립니다.

밀알천사가 걸어온 30년은 사랑과 헌신의 역사입니다. 우리 아이들을 위해 시간을 내주신 짝꿍 선생님들, 언제나 변함없는 마음으로 밀알천사 산행을 이끌어주신 모든 분께 깊이 감사드립니다. 여러분의 따뜻한 손길과 사랑이 있었기에, 우리 아이들은 세상을 더 편안하게 살아갈 수 있었습니다.

천사 김준환 군과 아버지 김형두 님

앞으로도 밀알천사 산행이 지속되어 더 많은 천사들이 함께 걸으며 행복을 찾을 수 있기를 소망합니다. 30년을 넘어 50년 100년까지 이어질 밀알천사 산행을 응원하며, 다시 한번 모든 분께 진심 어린 감사의 인사를 드립니다.

홀로서기를 위한 작은 발걸음

_ 송상기(송종화의 아버지/ 교수)

누나의 건강이 좋지 않아 가족여행이나 가족외출이 거의 없고 주로 집에서만 생활한 지 이미 10년이 훌쩍 넘어선 지금, 종화는 기회만 있으면 밖으로 나가고 싶어합니다. 행사로 공식적인 행선지가 결정되면 며칠 전부터 엄마에게 장소를 반복해서 말하고 각인시키면서 외출을 다짐합니다. 토요일 아침 대모산 산행도 예외는 아니어서, 전날부터 베란다에 있는 배낭을 집안으로 들여놓고 만반의 준비를 합니다. 그러고는 "대모산! 산책!"을 외치면서 싱글벙글하며 집안을 겅중겅중 뛰어다닙니다.

가족의 잔소리가 듣기 싫어서인지 어느 순간부터 저녁식사 후 일찍 잠자리에 들고, 새벽에 일어나는 습관이 몸에 배었습니다. 산행 전날에는 유난히 일찌감치 하루를 마감하고, 이른 새벽에 일어나 이것저것 간식을 꺼내 먹고 나서 샤워를 마치고 엄마가 일어날 때까지 한참을 기다립니다.

엄마와 함께 하루도 빠짐없이 동네를 크게 한 바퀴 돌고 난 뒤 놀이터에서 그네를 타고 운동기구를 하고 나서야 만족해하던 종화는, 몇 년 전부터 혼자 산책하는 것을 더 좋아하게 되었습니다.

엄마에게 산책하자고 조르며 기다렸던 종화가 이제 자기보다 걸음이 느려진 엄마와 함께 산책하는 걸 답답해합니다. 본인이 걷다가 자유롭게 360도를 돌거나 투스텝으로 경중경중 뛸 때마다 다칠까 봐 엄마가 주의를 줘서 그런지, 동반 산책을 준비하는 엄마를 적극적으로 만류하며 "혼자서!"를 외칩니다.

종화의 대모산 산행은 수서역 6번 출구에서 시작하는 것이 아니라, 집을 떠나 혼자 수서역까지 가는 즐거움에서부터 시작됩니다. 호기심, 가족의 잔소리로부터의 해방감, 그리고 작은 모험심이 충전된 종화는 밀알학교 화장실에 있는 핸드 드라이어와 교감하고 일원역으로 향합니다. 일원역에 도착한 다음 곧장 수서역으로 가지 않고 반대 방향인 대청역을 한번 찍고 나서 수서역으로 갑니다.

처음에 엄마는 예상치 못한 장소에서 종화를 봤다거나, 종화가 약속장소에 제시간에 나타나지 않았다는 연락을 받으면 가슴이 철렁해 아이가 귀가할 때까지 불안해했습니다. 그러나 위치추적기를 종화 옷 안에 넣고 동선을 파악하게 된 후에는 다치지 않고 무사히 귀가하기만 하면 된다는 생각으로 바뀌었습니다.

이제는 익숙해져 산행 출발시간에만 늦지 않으면 된다고 생각을 바꾸게 되었고, 종화가 스스로 잘 도착하리라는 믿음이 어느 정도 형성되었습니다. 어린 시절 종화의 산행이 청계산을 향하는 노란 버스를 타는 순간부터 시작되었다면, 이제는 종화가 현관문을 나서는 순간부터 시작됩니다.

익숙한 대모산 산행이기에 종화의 발걸음은 여유롭습니다. 가족의 잔소리를 매일 듣다가 단골 봉사자 선생님이나 새로운 봉사자 선생님들에게 인정받고 칭찬을 들을 때면 종화의 입꼬리는 점점 더 올라가고, 더욱 환한 미소를 지으면서 표정도 밝아집니다. 이러한 관계를 종화도 매우 좋아하기 때문에, 땅에서 올라오는 습기로 답답한 여름날이나 칼바람이 파고드는 겨울날에도 산행을 무척이나 기대하고 좋아합니다. 봉사자분들과의 교감을 통해 종화의 사회성이 향상되고, 봉사자분들도 발달장애인을 이해하는 기회가 되는 것 같습니다.

산행에서 만나는 봉사자분들의 섬김과 칭찬으로 종화는 사람에 대한 두려움이 사라져서 눈 맞춤이 자연스러워지고, 산행이 익숙하지 않은 일행을 기다리는 인내도 배우면서 사회로 발걸음을 내디딜 수 있었습니다. 또 종화와 오랜 시간 함께 산행한 짝꿍 선생님 중에 상희필 선생님, 정혜정 선생님, 이정희 선생님의 이름을 종화가 잊지 않고 스스로 외운다는 것이 놀라웠습니다. 종화가 그분들의 이름을 외치며 웃는 모습을 보면, 종화의 좋은 기억에 함께해 주신 그분들께 감사하게 됩니다. 종화가 이렇게 좋은 인연을 맺게 된 것은 밀알천사 산행을 시작하신 남기철 대장님 덕분입니다.

종화의 대모산 산행은 하산으로 종결되지 않습니다. 혼자서 일원동 동네를 크게 한 바퀴 돌기도 하고, 때로는 지하철과 버스를 타면서 산행 시간을 자율적으로 연장하기도 합니다. 서른이 가까운 청년 종화에게 나름의 고충이 있을 거라는 생각과 함께, 동네를 구석구석 돌아다니면서 스스로 스트레스를 풀고 자율적으로 연장된 산행 시간을 즐기기를 바라는 마음으로 엄마는 귀가를 기다립니다. 종화는 추상적인 시간 약속에 대한 개념을 점점 더 이해하는 청년이 되었고, 나름 미더운 아들로 성장했습니다.

때로는 엄마의 일방적인 약속 시간보다 한 시간 정도 더 늦게 귀가하는 경우도 있지만, 그만큼 엄마의 자유시간이 연장된다는 생각과 무엇보다 무사히 귀가하는 모습을 보면서 더 이상 혼내거나 잔소리하지 않고, 감사하는 마음으로 웃는 얼굴을 하며 아들을 맞이합니다.

계속 어린아이로만 남아있을 것 같았던 종화도 이제는 성년의 나이를 훌쩍 넘어서 앞으로 독립적인 생활에 대한 걱정이 커지는 시기가 되었습니다. 그러나 종화의 산행이 축적되면서 성장하는 모습을 지켜볼 수 있었고, 이를 통해 아이의 불확실한 미래에 대한 걱정을 어느 정도 불식하게 되었습니다. 종화의 산행은 미약하지만 홀로서기를 향한 예행연습이라 생각합니다. 종화는 산행 과정에서 약속 시간을 준수하는 법, 홀로 대중교통을 이용하는 법, 새로운 사람들과 교류하는 법, 그리고 혼자서 시간 보내는

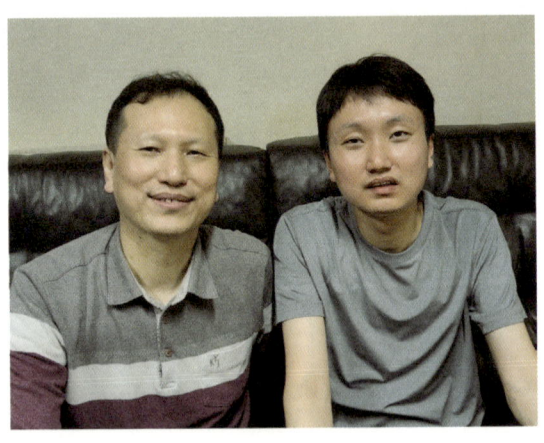

천사 송종화 군과 아버지 송상기 님

법을 배우게 되었습니다.

나이가 들어가면서 종화에게 나타나기 시작한 독립심과 모험심은 처음에는 큰 우려로 다가왔지만, 산행을 통해 안정적으로 연습하고 통제된 시도들은 엄마의 부담을 덜어주는 일종의 시혜가 되었습니다.

어려운 중에도 산행을 이끌어가시는 남기철 대장님과 종화를 아껴주시는 이정희 선생님 그리고 여러 헌신적인 봉사자 선생님들 덕분에 종화에게는 성장의 기회가 되었고, 우리 가정에는 여유로운 시간이 늘어날 수 있었습니다. 산행을 위해 수고해 주시는 모든 분께 다시 한번 깊이 감사드립니다.

함께 가는 길
_ **김경희(오세린의 어머니)**

시간이 참 빠릅니다. 20년 전 새로 출석하게 된 교회를 통해 자연스럽게 알게 된 밀알천사 산행. 참가비도 교육비도 없고 중증이든 경증이든 문제행동이 심하든 어떤 상태의 아이라도 참여 의사만 있으면 함께 산행할 수 있었습니다. 어떻게 이런 곳이 있지? 어떤 곳이든 함께하려면 여러 조건과 수준이 필요한데 밀알 천사의 산행은 참여하고자 하는 의지만 있으면 항상 문이 열려 있었습니다.

일곱 살 자폐성 여자아이. 한번 울기 시작하면 쉽게 멈추지 않아 접근하기가 힘든 아이였습니다. 이런 아이를 아무 말 없이 받아주셨습니다. 산에서 떼를 쓰면 산을 내려오기까지 짝꿍 선생님들이 서로 목마를 태워주었습니다.

딸아이는 목마가 좋은 기억으로 남아있는 것 같습니다. 산행 도중 심하게 떼를 쓰는 날에는 우는 아이를 데리고 일부러 어려운 코스를 선택해 모든 에너지를 산에 쏟아내고 잠잠해진 모습으로 하산하게 해주셨습니다. 부모도 버거워 감당하기 힘든 일을 함께 짊어지셨습니다.

눈이 펑펑 쏟아져 무릎까지 덮인 어느 설 연휴, 남한산성 산행을 다녀온 아이가 감기에 심하게 걸려 아픈 적이 있었습니다. 그때는 많이 힘들어했지만 지금 돌아보면 가슴 뭉클한 추억이 되었고, 오히려 더 건강하게 성장하는 거름이 된 것 같습니다.

매주 토요일 오후가 되면 우리는 대왕중학교에 모였습니다. 노란 버스에 아이들을 태워 보내고 엄마들에게 주어진 달콤한 자유를 맛보며 한 주간 힘들었던 일을 쏟아내기도 하고, 밀린 일을 보기도 했습니다. 이 시간이 엄마들에게는 숨구멍과도 같은 시간이었습니다.

장애가 있는 아이를 남의 손에 맡긴다는 건 쉽지 않은 일입니다. 그런데 밀알천사 산행처럼 마음 편히 아이를 맡길 수 있는 곳은 없습니다. 항상 부족함을 덮어주고 이끌어주시기 때문인 것 같습니다. 산행하는 동안만이라도 잠시 쉴 수 있도록 엄마들을 배려해 주시는 시간인데, 아이가 우는 건 아닌지 다른 사람을 힘들게 하는 건 아닌지 항상 마음 졸이며 하산을 기다렸던 기억이 납니다.

산에서 아이의 문제가 자주 드러나니 산행을 그만둘까도 생각했습니다. 그때는 내 마음이 힘들어 수고하고 애쓰신 선생님들께 감사의 마음도 제대로 전하지 못했습니다. 그저 받기만 한 채 긴 시간이 훌쩍 지나버렸고, 철없던 아이는 어느새 청년이 되어 제법 의젓한 모습도 보이고, 선생님과 함께 걷는 게 꽤 자연스러워졌습니다. 짝꿍 선생님들도 오랜 시간 아이들과 함께하니 어느 때는 엄마보다 아이의 마음을 더 잘 읽고 이해한다는 생각이 들기도 합니다.

코로나로 산행이 잠시 멈춘 때가 있었습니다. 2년 정도 산행을 쉬니 아이의 다리근육이 빠지는 게 눈에 보였습니다. 일상처럼 해온 산행이었지만 그것이 얼마나 중요한지 새삼 깨달았습니다. 이제 청년이 된 아이는 다시 시작된 산행을 좋아하는 것 같습니다. 발걸음이 가볍고 조금은 당당해 보입니다.

늘 장애자녀에게 묶여 있는 부모들의 만남은 쉽지 않습니다. 밀알천사 가족여행을 통해 오랜만에 만나면 옛 친구를 만난듯 반가워 그동안의 이야기를 쏟아냅니다. 어린 시절에는 그저 내 아이 챙기느라 힘들어 서로 돌아볼 여유가 없었는데, 긴 시간 아이를 키워오면서 모든 것이 내 힘으로 되지 않는다는 것을 경험해서인지 둥글둥글해진 것 같습니다.

산행을 함께하면서 아이들만 변하는 것이 아닙니다. 엄마들도 함께 익어가는 것 같습니다. 먹지 못하는 날 것이 아니라 서로 위로가 되고 아픔도 따뜻함으로 덮는 그런 관계로 변해가는 것 같습니다. 장애의 아픔에 묶이지 않고 서로 이해하고 받아들이는 새로운 모습과 흐름이 우리 안에 있는 것 같습니다.

과일은 한 해가 지나면 열매를 맺는데, 사람은 결실을 맺기까지 참 오래 걸리는 것 같습니다. 장애아이를 주신 이유를 온전히 알 수 없지만, 그 아이들로 인해 우리는 진짜 어른으로 조금씩 변화되는 것 같습니다. 아름다워지니 그저 감사할 뿐입니다.

활동보조 선생님이 산행을 둘러본 후 이런 공동체는 없다고 놀라십니다. 오랜 시간 함께해서 우리는 너무 당연한 듯 받아들이고 누리지만, 이처럼 사랑으로 함께하고 이끌어주는 공동체는 찾을 수 없다며 산행에 함께하는 가정은 축복받은 거라고 말씀하십니다. 저도 완전 동감입니다. 가족도 아닌 타인이 내 아이의 장애를 함께 지며, 어떤 대가도 기대하지 않고 그저 함께하고 싶은 마음 하나로 산을 오르는 것은 쉽지 않는 일입니다. 쉽지 않는 이 일을 많은 이들이 매주 함께 모여 여기까지 왔습니다.

한 자리에서 묵묵히 산행을 이끌어준 대장님께 참 감사합니다. 무뚝뚝해 보여도 속은 정말 따뜻한 분임을 경험해 보면 압니다. 누구보다 장애의 아픔과 무게를 아시기에 아이가 힘들게 하면 함께 힘들어하시고, 조금이라도 그 짐을 함께 지고 문제를 풀어가고자 애쓰십니다. 대장님의 모습도 그 발걸음만큼 조금씩 무르익어가는 것 같습니다. 흰머리가 노인에게는 영광이라고 하는데, 대장님의 그을린 피부와 주름도 그런 것 같습니다. 선생님들의 수고와 좋은 리더들이 있기에 밀알천사 산행이 지금까지 지

천사 오세린 양과 어머니 김경희 님

속될 수 있었습니다.

　밀알천사 산행은 단순한 산행이 아닙니다. 우리만의 이야기가 있습니다. 아이들의 성장 과정과 만남, 변화의 과정이 담겨 있습니다. 장애로 만났지만 그 관계 속에 사랑과 생명이 부어져 풍성한 이야기로 변화되고 자라나고 있습니다. 그래서 참 귀하고 감사합니다.

많은 장애 가정이 함께해 우리가 누린 사랑과 따스함을 함께 맛보고 나누면 좋겠습니다. 많은 분들의 사랑과 헌신으로 여기까지 걸어온 것처럼 앞으로도 계속 이어져, 그 발걸음마다 이야기가 되고 쉼이 되고 풍성한 열매가 넘치는 아름다운 밀알천사 산행으로 자라나고 성장하길 소망합니다.

희망은 없습니다
_ 남윤선(남범선의 형/ 사업)

희망은 없습니다. 어릴 적 기도하고 봉사하고 헌금하면 하늘이 어여삐 보시사 범선이의 자폐증이 나을 줄 알았습니다. 부모님의 인생을 건 기도와 봉사라 할 수 있는 밀알천사 산행 30년이 된 지금, 범선이는 낫지 않았습니다.

범선이는 여전히 고함을 지릅니다. 새벽에 깨서 냉장고에 있는 걸 꺼내 먹습니다. 옷을 벗고 돌아다닙니다. 어릴 적 인물이 저보다 나았습니다. 중년이 되면서 잘난 외모마저 사라졌습니다. 방치된 피부는 노화를 빨리 맞습니다. 반백발이 되었고, 나이가 들면서 살만 더 찝니다. 낫기는커녕 때로는 더 나빠진 것만 같습니다. 이 글을 보는 자폐자녀를 키우는 분들께도 비슷한 일이 일어날 겁니다.

부모님께 일흔이 넘어 골프나 치고 막걸리나 마시는 삶은 없습니다. 아파트 보러 다니며 자녀들에게 어떻게 재산을 물려줄까 고민하는 삶도 없습니다. 일해야 합니다.

새벽에 일어나 범선이에게 최소한의 운동을 시키기 위해 비가 오나 눈이 오나 나가서 걸어야 합니다. 어떻게 하면 뭐라도 좀 더 배우게 할까 고민하고 시도해야 합니다. 여전히 해석이 어려운 삶을 이해하고자 기도해야 합니다. 이 고생은 부모님 삶의 끝날까지 계속될 것 같습니다.

저 역시 마찬가지입니다. 연애할 때 아내에게 두려운 마음으로 언젠가 우리는 자폐동생을 키우며 살아야 한다고 말했던 기억이 납니다. 여전히 그 무게감 속에 삽니다. 부모님이 돌아가시면 저는 부모님이 하시던 일을 해야겠죠.

희망은 있습니다. 부모님은 일흔이 넘었다고 골프나 치고 막걸리나 마시지 않습니다. 범선이가 있는 한 목표는 항상 있습니다. 운동하고 생각하고 시도하고 기도합니다. 예언은 성취됩니다. "그 후에 내가 내 영을 만민에게 부어 주리니 너희 자녀들이

천사 남범선 님과 형 남윤선 님

장래 일을 말할 것이며 너희 늙은이는 꿈을 꾸며 너희 젊은이는 이상을 볼 것이며"(욜 2:28).

제게는 늙어 삶의 의미를 잃은 부모를 걱정할 일이 없습니다. 여전히 삶의 많은 면에서 부모에게 이르지 못했음을 느낍니다. 자극과 도전이 됩니다. 새로운 시도를 하게 됩니다. "젊은이는 이상을 볼 것이며." 저 역시 늙은이가 되면 꿈을 꿀 것입니다.

손자 손녀는 삼촌을 보며 자신과 다른 사람들에 대한 이해를 배웁니다. 조부모와 부모의 부지런한 삶을 보며 근면을 실천합니다. 어릴 적 소망이 이루어졌습니다. 하늘이 어여삐 보셨습니다. "그런즉 너는 알라 오직 네 하나님 여호와는 하나님이시요 신실하신 하나님이시라 그를 사랑하고 그의 계명을 지키는 자에게는 천 대까지 그의 언약을 이행하시며 인애를 베푸시되"(신 7:9).

하나님께 찬양을 드립니다.

'밀알천사 삼십 세 축하' 삼행시
_ 윤수진(법인이사/ 신장내과 전문의)

밀고 당기고 영차영차!

알배긴 다리에 휘청거리면서도

천사들 손 붙들고 한 걸음 한 걸음!

사랑과 은혜에 힘입어 어느덧

삼십 세까지 자랐네요. 축하축하축하!!! 앞으로도 쭈우우욱

십자가 지신 예수님과 함께 멍에 매고 한 걸음 한 걸음!

세상은 여전히 답답해도

천사 김민성 군과 윤수진 선생님

축복하며 서로 더욱 사랑하며

하늘 보고 가슴 펴고 천사들 손 꼭 붙들고 한 걸음 한 걸음!

Chapter 2
언론 속 천사들 이야기

원래 길을 터주는 사람은 험난한 인생을 삽니다.
지금 저와 우리 범선이가 그 길을 간다고 생각해요. 그래도 괜찮아요.
저희가 단단하게 그 디딤돌을 만들어 놓을 테니
앞으로 우리 아이들이 지금보다 편하게 그 길을 와줬으면 합니다.
그냥 아이들이 평범하게, 행복하게 사는 것. 그것 말고 바라는 게 없습니다.

부모 없는 세상에서 장애인 아이들도 살 수 있게 해야죠
_ 동아닷컴 2023년 7월 6일자

오전 8시 30분. 서울 강남구 일원동에 있는 '래그랜느' 작업장에 불이 켜진다. 직원들은 옹기종기 모여 앉아 각자의 노트를 꺼내 성경필사를 시작한다. 오전 9시가 되면 하나둘씩 하얀 방진복에 모자를 쓰고 제과제빵 작업장에 들어가 분주히 40여 가지의 쿠키와 빵을 만든다. 오후 4시 30분. 작업을 마친 직원들은 누가 먼저라고 할 것도 없이 작업장을 깨끗이 청소한 후 퇴근한다.

보기엔 평범한 제과제빵 작업장. 하지만 래그랜느의 특별한 점이 있다면 자폐장애인들이 주요 근로자라는 점이다. 2010년 5월 31일부터 운영을 시작한 래그랜느에는 현재 자폐장애인 12명, 비장애인 제빵사 2명, 사회복지사 3명이 있다. 이 사업을 시작한 지도 어느새 13년이 됐다.

남기철 대표가 작업장을 꾸린 이유는 자폐성 장애 2급인 아들 범선 씨 같은 사람들 때문이었다. 성인이 된 자폐장애인들은 갈 곳이 마땅치 않다. 일반적으로 복지관의 재활센터나 보호작업장으로 가는데, 장애인들에게 골고루 기회를 줘야 한다는 시설 운영 원칙으로 인해 3년 이상 머물지 못한다. 당장은 작업장에 있지만 3년 뒤 새로운 곳을 찾아야 한다는 점에 부모들은 걱정부터 앞선다.

작업장 개수도 자폐장애인의 수에 비해 부족하기 때문에 갈 곳을 찾지 못하면 자폐장애인들은 하루 종일 집에 있게 된다. 그러면 수년간 교육과 훈련으로 개선된 증상이 악화된다는 게 남 대표의 설명이다. 그래서 이런 상황을 막고자 래그랜느를 만들었다. 이곳 직원들은 '나갈' 걱정은 하지 않아도 된다. 이미 대다수가 10년 이상을 다녔다. 오랜 시간 일했기 때문에 반죽과 굽는 것을 제외한 모든 일을 자폐장애인들이 한다. 호흡도 척척이다.

같은 모양을 찍어내기 위해 수많은 연습이 있었다

    남 대표는 "예전에는 제대로 된 쿠키를 하나 만들려면 천 개를 버렸다"며 "지금은 아이들이 눈을 감고도 밀가루 반죽 3g을 정확히 떼어낸다. 이전에는 시간 개념이나 사회성이 없었다면, 회사를 다니고 나서는 무척 좋아졌다. 남들 눈에는 보이지 않지만 우리 눈에는 보인다"고 말했다.

    이어 "'자폐장애인들은 집에 있어야 좋은 거 아닌가'라는 게 일반적인 생각인데 오히려 정반대"라며 "발달장애인들에게 가장 필요한 곳이 작업장이다. 부모와 분리가 필요하기도 하지만 집에 있으면 자폐 증상이 심해진다. 자다가 일어나서 부모를 때리기도 하고 집안 살림을 부술 때도 있다. 그런데 여기 와서 일하면 그만큼 에너지를 쓰니 집에 가도 얌전히 잘 잔다"고 했다.

"게다가 아이들이 출퇴근을 무척 좋아해요. 저희 근무가 오전 9시 시작인데 직원들이 오전 8시 전에 출근을 완료해요. 그 정도로 밖에 나와 일하는 것을 좋아해요. 쉬는 날에도 '회사 왜 안 가냐'고 할 정도예요."

남 대표는 자폐장애인의 작업장은 그들의 부모를 위해서도 꼭 필요하다고 했다. 아이들이 작업장에 가 있는 6시간 동안 부모들은 쉬거나 다른 가족을 챙기거나 또는 생업을 위해 일할 수 있다.

그는 "24시간 365일 장애인 자녀를 데리고 살면 스트레스가 엄청나다"며 "그들도 잠시 쉬어야 하지 않겠나. 또 형편이 어려운 가정일 경우 먹고 살기 위해 부모가 일해야 하는데 아이와 하루 종일 함께 있으면 그럴 시간이 없다. 그런데 아이들이 작업장에 있으면 그 시간 동안 자신들도 일할 수 있으니 너무 고맙다는 이야기를 많이 듣는다"고 말했다.

눈이 오나 비가 오나 매주 토요일은 등산

자폐장애인을 위한 일은 여기서 그치지 않는다. 주중에는 래그랜느에서 일하고 주말에는 아이들과 산에 오르거나 농장에 간다.

그는 1995년 여름부터 단 한 주도 빼놓지 않고 매주 토요일에는 아들과 그리고 아이들과 산에 올랐다. 코로나19 전까지는 청계산을 올랐고, 1년 전부터는 대모산을 오른다. 산행을 결심한 이유 중 하나는 자폐 스펙트럼 장애를 가진 아이들에게 충분한 산소를 공급하고 두뇌를 자극할 수 있는 등산 같은 운동이 매우 유익하다는 이야기를 뉴스에서 봤기 때문이다.

하지만 등산을 결심한 가장 큰 이유는 '아내' 때문이었다. 장애아를 둔 엄마들은 쉴 시간이 없다. 아이가 자다가 일어나 큰 소리로 울기 시작하면 새벽 한두 시에도 일어나 아이의 입을 틀어막은 채 업고 나가야 한다. 그렇게 24시간 365일을 보내야 한다. 그런 아내에게 토요일, 단 하루라도 쉬는 시간을 주자는 마음에 시작한 산행이었다.

그렇게 '밀알천사 산행'이 시작됐다. 남 대표는 "산행에 참석하는 아이들은 '천사'라 부르고 함께 산에 오르는 자원봉사자들을

남기철 대표는 매주 토요일과 일요일 자폐장애인들과 산을 오르고 농사를 짓는다

'짝꿍'이라고 부른다"며 "사람이 많으면 천사와 짝꿍 40명 정도가 참여한다"고 말했다.

산을 오르던 천사 중 한 명인 태희 양은 초반에는 청계산 입구부터 "가지 않겠다"며 소리를 쩌렁쩌렁 지르는 아이였지만, 이제는 누구보다 산을 열심히 오르는 아이다. 태희 엄마는 "이전에는 산에서 내려올 때마다 옷이 흙투성이였지만 이제는 태희 스스로 바위 위에 매트를 깔고 앉는 '깔끔쟁이'가 됐다"며 달라진 딸의 모습에 감탄했다.

민성 군은 산에 오르기 전엔 몸집이 컸지만 산행을 시작한 후 날씬해지고 건강해졌고, 성현 군은 집이 아닌 다른 장소만 가도 울고불고 난리가 났지만 이제는 산에서 야생화를 관찰하며 산에 오르는 걸 즐기는 아이가 됐다.

무엇보다 달라진 건 이들의 부모들이었다. 세상에 혼자일 줄 알았는데 의지할 곳이 생긴 것. 이들은 "아이들이 산에 오른 후 나 역시 달라졌다"며 "아이들과 함께 산에 올라가 주시는 봉사자들에게 감사드린다"고 전했다.

험한 길은 내가 가면 돼 … 앞으로 우리 아이들 편하게 오길

남 대표의 마지막 바람은 자신이 더 나이 들기 전에 자폐장애인들이 지낼 수 있는 시설을 만드는 것이다. 남 대표가 말한 시설은 아이들이 밥만 먹고 자는 곳이 아닌, 일하고 여가를 즐기며 평범한 일상을 보낼 수 있는 곳이다. 일요일마다 농장에 가는 것도 아이들의 자립을 위해 여러 방안을 검토하기 위함이다.

남 대표는 "자폐장애인 자녀를 둔 부모들의 걱정은 '나 죽으면 앞으로 우리 애는 어쩌나'다. 그래서 제일 바라는 것이 '시설'이고 그다음이 '작업장'이다"라며 "우리 아이들과 부모들이 그런 걱정 없이 살게 하는 게 내 마지막 바람이다"라고 전했다.

이를 위해 가장 필요한 것은 자폐장애인을 향한 정부의 관심과 작업장 및 시설과 관련된 규제를 완화해 주는 것이라고 남 대표는 말한다. 남 대표는 "장애인 같은 소수자들을 향한 정부의 관심이 부족하다"며 "관심이 있다 하더라도 몇 년 뒤 정부가 바뀌면 도로 '리셋'이다. 우리가 아무리 소리를 높여도 들어주지 않으니 답답하다"고 했다.

이어 "사람들은 장애인이 모두 똑같다고 생각한다. 지체장애인, 시각·청각 장애인, 발달장애인 등 각기 다른 장애를 갖고 있어 할 수 있는 일이 다르다"며 "그런데 발달장애인 작업장을 만들 때 점자 안내표지 등과 불필요한 시설을 갖춰야 작업장으로 허가해 준다. 심지어 화장실에 아기 기저귀 교환대도 설치해야 한다. 작업장 하나를 차리는 데 규제가 이렇게 심하니 건물주들이 적극적일 수가 없다"고 지적했다.

하지만 남 대표는 멈출 생각이 없다. 앞으로 남겨질 자폐장애인들을 위해 계속 달릴 것이라고 밝혔다.

"일상의 삶을 주고싶어"…
아버지는 아들을 위해 '장애인 보호작업장'을 차렸다
_ 경향신문 2023년 4월 19일자

자폐성 장애를 가진 아들의 고등학교 졸업을 앞두고 아버지는 고민이 깊어졌다. 당장 갈 곳이 없었기 때문이다. 적어도 아들이 '수용자' 신세를 넘어 일상적인 '삶'을 살 수 있는 곳은 없었다. 아버지는 고민 끝에 직접 장애인을 위한 작업장을 만들기로 했다.

서울 강남구 일원동의 장애인 보호작업장 '래그랜느'를 운영하는 사단법인 밀알천사의 남기철 이사장의 이야기다. 래그랜느는 30여 종의 쿠키를 만드는 작업장으로, 그는 자폐성 장애 2급을 가진 아들 범선씨를 위해 2010년 이곳을 차렸다. 래그랜느에는 아들을 포함해 열세 명의 직원이 일하고 있다.

'자폐 아이를 계속 집에 데리고 있기가 어렵다'는 현실적인 이유로 차린 작업장에서 그는 수많은 경험을 통해 자폐성 장애인들에게는 일상생활의 자립을 위해 규칙적인 일상을 체험하는 작업장이 그 어떤 장애 시설보다 꼭 필요한 시설이라는 신념을 굳히게 됐다.

"365일 똑같은 집에서, 늘 보던 사람을 본다고 생각해 보세요. 비장애인들도 그렇게 지내기가 힘든데 자폐인들도 마찬가지거든요." 매일 정해진 시간에 작업장에 출근하고, 손을 움직여 일하고, 같은 시간에 밥을 먹는 일상은 돌출행동이 줄어드는 등 증상을 뚜렷하게 완화시킨다. "자폐성 장애에 특히 좋은 건 '다양한' 작업이에요. 처음에는 비누 만들기를 했는데 공정이 간단하니 그 작업에만 꽂혀서 다른 건 하지 않으려 하더라고요."

이후 작업은 30종류가 넘는 쿠키 만들기로 바뀌었다. 이를 위해 지난해에는 경기 포천에 농장도 마련해 직원 열세 명은 이곳에서도 일한다.

보호작업장은 가정에서의 '분리'를 위해서도 반드시 필요하다. 남 이사장은 발달장애 자녀를 돌보던 부모가 자녀와 함께 극단적 선택을 하는 '돌봄 살인'을 볼 때마다 남 일 같지 않다. "집에만 있으면 문제가 안 생길 수가 없어요. 매일 부모와 있는데 아이들 눈에 부모의 단점은 안 보이겠어요? 가정 내 비극을 막으려면 결국 분리가 핵심입니다."

남 이사장이 1995년부터 자폐성 장애인들과 함께 주말 산행을 하고 있는 것도 각 가정에 '분리'의 시간을 주기 위해서다. "대부분 엄마들이 돌봄을 전담하잖아요. 엄마들이 쉴 수 있는 시간을 만들어줘야 돼요. 5시간 정도는 믿고 쉴 수 있는 시간이 얼마나 필요한지 모릅니다."

장애인들을 위한 보호작업장은 여전히 부족하다. 현재 그가 살고 있는 강남구에는 9개의 보호작업장이 있다. 그는 "한국에서 가장 부자인 자치구에서도 작업장이 부족하다"며 "수요에 비해 작업장이 부족하다 보니 다른 사람들에게도 기회를 줘야 해 일반 작업장의 경우 근속 기간이 짧을 수밖에 없다"고 말했다.

일반 작업장 등의 경우 장애인들의 근속 기간은 평균 3~5년인 반면, 래그랜느의 경우 5~10년으로 상대적으로 길다. 결국 더 많은 작업장이 마련되기 위해서는 공공의 지원이 꼭 필요하다. 하지만 그는 실정에 맞지 않는 일괄적인 규정들이 작업장 신설의 문턱을 높인다면서 이를 개선해야 한다고 지적했다.

그는 "자폐성 장애인만을 위한 작업장을 차리려고 해도 현재

장애인을 위한 보호작업장 래그랜느에서
남기철 이사장의 아들 범선 씨가 쿠키를 만들고 있다

규정상으로는 청각·시각장애인이나 지체장애인을 위한 점자블록·안내판, 경사로, 엘리베이터 시설을 모두 갖춰야 한다"며 "제 경우 사비를 털어 이런 시설을 모두 설치했지만 향후 장애 종류에 따라 관련 규정을 탄력적으로 하는 등 개선했으면 좋겠다"고 말했다.

에필로그
Epilogue

힘들고 어려웠던 순간도

시간이 지나면 아름다운 추억으로 변합니다.

지난 30년을 디딤돌 삼아 우리 아이들과 가족들이

행복해지기를 기도합니다.

내가 죽기 며칠 전 우리 아이가

먼저 떠나기를 바란다는 절규 대신,

부모 없이도 잘 사는 아이들을 보고 감사하며

천국에 입성할 수 있기를 기도합니다.

밀알천사도 작은 힘이나마 보태려 합니다.

사람이 감당할 시험 밖에는 너희에게 당한 것이 없나니

오직 하나님은 미쁘사 너희가 감당치 못할

시험 당함을 허락지 아니하시고

시험 당할 즈음에 또한 피할 길을 내사

너희로 능히 감당하게 하시느니라 _ 고린도전서 10장 13절

밀알천사 forever!

함께 기도해요

- 중증 자폐성 장애인과 가족을 위한 각종 제도가 현실에 맞게 개선되게 해주세요.

- 밀알천사들이 생산활동과 프로그램활동에 즐겁고 기쁘게 참여하는 하루하루가 되게 해주세요.

- 밀알천사와 래그랜느 종사자들이 감사와 기쁨이 넘치는 삶으로 복의 통로가 되게 해주세요.

- 밀알천사 30주년 기념행사가 잘 준비되고, 이를 통해 자폐성 장애인 인식이 개선되며, 장애인 복지가 기본에 더욱 충실해져 새롭게 맞이하는 한 세대를 든든히 세워가게 해주세요.

Time-line
밀알천사,
변화와 성장의 30년

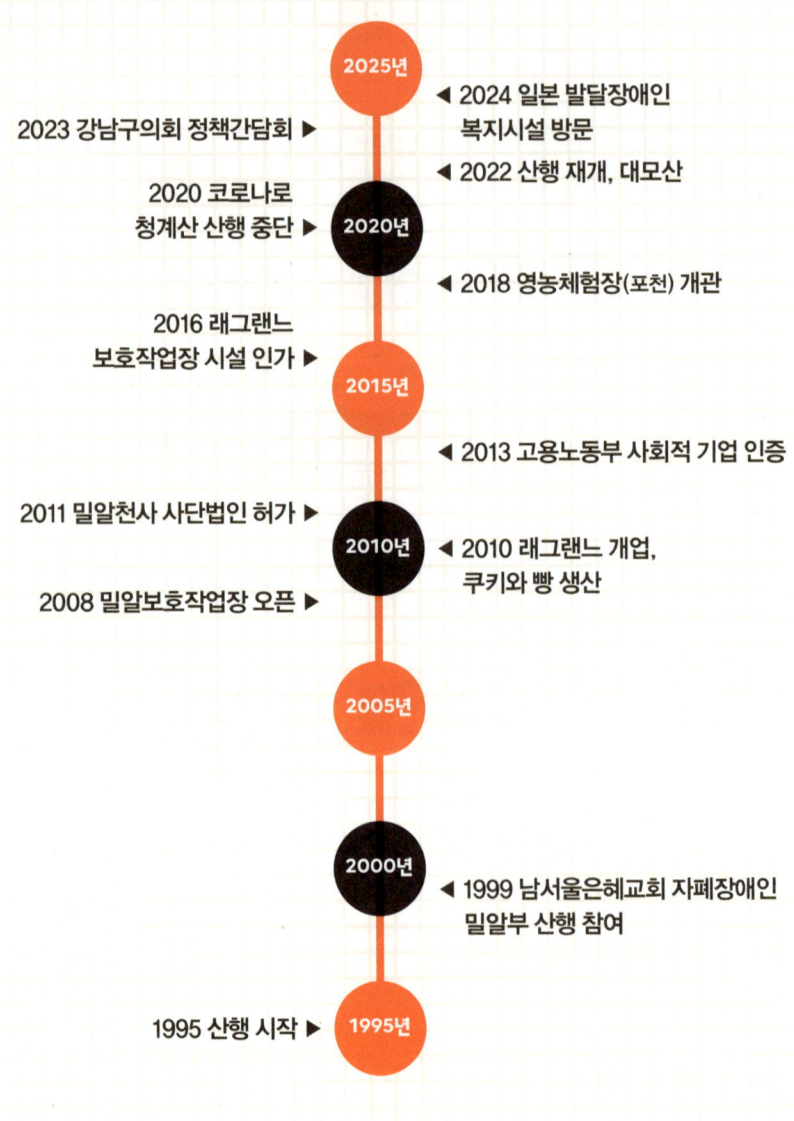

2004년 청계산 산행 　　　　　　　　 2005년 태백산 산행

2006년 밀알보호작업장 1주년 기념식

2009년 산행

2010년 트래킹교육 이수   2010년 장애인 작업장 래그랜느 개업
쿠키 제조, 카페 운영

2010년 남범선의 히말라야 트래킹 도전 성공

2010년 산행 15주년,
저서 『그래서 사랑하고 그래도 사랑한다』 출판기념회

2012년 '그래서 사랑하고 그래도 사랑한다' 콘서트(밀알학교 세라믹팔레스홀)

2014년 밀알천사 가족행사

2015년 산행 20주년, 래그랜느 5주년 기념 케이크

2017년 삼성서울병원 소아암 병동에 사랑의 쿠키 전달

2017년 SRT 사회공헌매장으로 래그랜느 선정, 수서역점 개장

2018년 밀알학교 학부모를 대상으로 강의하는 남기철 대표

2018년 평창동계올림픽 패럴림픽 성화 봉송에 나선 밀알천사들

2018년 발달장애인 인식개선 공익광고 강화 방안 국회토론회

2018년 포천 농사체험장 개소식

2019년 자폐성 장애인의 자립과 권리보장을 위한 국회정책 토론회

2019년 오카리나 합주단 발족

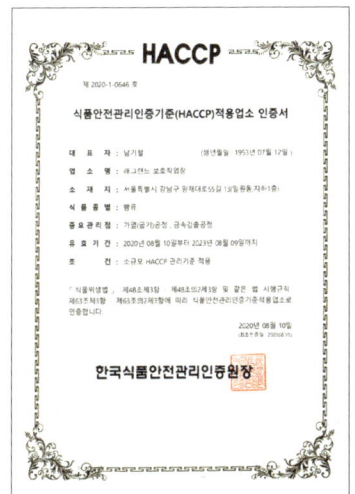 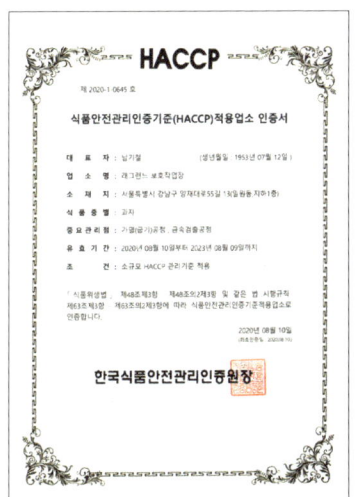

2020년 래그랜느 생산품 쿠키와 빵 전 품목이 HACCP 인증 받음
(좌)빵류 인증서, (우)과자 인증서

2021년 판촉물 제조사업 개시

2023년 '발달장애 담당교사와의 대화'에 강사로 나선 남기철 대표

강남구의회 정책간담회

2024년 장애인의 날 기념 래그랜느 바베큐파티(포천 농사체험장)

삼성 노블카운티에서 위문공연

2025년 신년 가족행사에 모인 천사와 가족들

타임라인 _ 밀알천사, 변화와 성장의 30년

그래서 감사하고 그래도 감사한다

초판 1쇄 발행 2025년 7월 1일

지은이　　남기철

펴낸이　　곽성종
펴낸곳　　(주)아가페출판사
등록　　　제21-754호(1995. 4. 12)
주소　　　(08806) 서울시 관악구 남부순환로 2082-33
전화　　　584-4835(본사) 522-5148(편집부)
팩스　　　586-3078(본사) 586-3088(편집부)
홈페이지　www.iagape.co.kr
판권　　　ⓒ 남기철 2025
ISBN　　　978-89-537-9692-8 (03230)
분당직영서점　전화 031-714-7273 | 팩스 031-714-7177
인터넷서점　　http://www.agapemall.co.kr
　　　　　　　인터넷에서 '아가페몰'을 검색하세요.

저작권법에 의하여 한국 내에서 보호받는 저작물이므로
무단전재와 복제를 금합니다.

아가페 출판사